Inhalt

Vom Topf zum Teller

Kräuter von A – Z

SPEZIAL

Eine Kräuterspirale ist ein dekorativer Blickfang im Garten und bietet auf engstem Raum Platz für verschiedene Kräuter.

SPEZIAL

Lernen Sie die aromatische Vielfalt von Kräutern wie Basilikum, Minze, Salbei und Thymian kennen.
Holen Sie sich Anregungen, wie Sie Ihr Heim mit Kräutern verschönern können.

Grüne Welt der Küchenkräuter

Kräuter geben vielen Gerichten erst den richtigen Pfiff, enthalten gesundheitsfördernde Stoffe und tragen mit ihrem Duft zu unserem Wohlbefinden bei. Außerdem sind Küchenkräuter eine dekorative Bereicherung für unseren Garten, die Terrasse oder die Fensterbank.

Holen Sie sich die Kräuterfrische in Ihre Küche! Ziehen Sie Ihre Lieblingskräuter in dekorativen Gefäßen auf der Fensterbank oder auf dem Balkon oder legen Sie sich ein Kräuterbeet an. Das frische Grün kann dann sofort in der Küche weiterverarbeitet werden. Neue Rezeptideen bringen hier Abwechslung in Ihren Speiseplan. Und mit einem Vorrat an getrockneten oder eingefrorenen Kräutern können Sie auch im Winter in frischen Aromen schwelgen. Für die eigene Küche und als originelle Geschenkidee lassen sich Kräuter in Essig und Öl einlegen – so bekommen viele Gerichte eine ganz besondere Note.

Herrlich entspannend nach einem anstrengenden Tag ist der aromatische Duft von Kräuterölen. Und spüren Sie die wohltuende und heilende Wirkung von Kräutertees. Auch für die Schönheitspflege können Sie sich die hautpflegenden Inhaltsstoffe zunutze machen: Natürlicher geht's nicht!

In einem großen Weidenkorb mit verschiedenen Pflanztaschen, der auch als Erdbeertopf bezeichnet wird, lassen sich unterschiedliche Küchenkräuter auf kleinstem Raum anpflanzen. Solch ein Kräutertopf ist ein dekorativer Blickfang auf Terrasse oder Balkon und hat den Vorteil, dass man alle seine Lieblingskräuter täglich frisch zur Verfügung hat und nach der Ernte sofort in der Küche verarbeiten kann. Auch in der Küche selber lassen sich an einem hellen Platz oder auf der Fensterbank Kräuter ziehen. So bringen Sie die Kräuterfrische direkt in Ihre Küche und können dort den wohltuenden Duft, den die Kräuter verströmen, genießen.

In hübsche Töpfe gepflanzt kann man Kräuter – wie hier Petersilie, Dill und Kresse – direkt in der Küche ziehen und erntefrisch verarbeiten.

Kräuter für Leib & Seele

Das uralte Wissen der Kräuterhexen

Schon seit vielen Jahrhunderten wird die heilende und wohltuende Wirkung von Kräutern genutzt. Und wer kennt nicht die Kräuterhexen, die aus allerhand geheimnisvollen Zutaten für viele Krankheiten und Wehwehchen ein „Zaubermittel" zusammenbrauten?
Heute wissen wir, dass viele Kräuter tatsächlich wohltuende, desinfizierende und antibiotische Stoffe enthalten. Dabei gibt es verschiedene Möglichkeiten der Anwendung. Bei nur geringen Mengen, wie sie beim Kochen verwendet werden, wird keine spürbare Heilwirkung erzielt. Daher werden für medizinische Zwecke häufig Tees oder Auszüge aus Kräutern bereitet. Bei manchen Arten erzielt aber schon der Duft, der durch das Verdunsten der enthaltenen ätherischen Öle zustande kommt, die gewünschte Wirkung wie zum Beispiel beim Lavendel.
Die folgenden Anwendungen zeigen die vielfältige Wirkung von Kräutern – sehr zur Nachahmung empfohlen!

Herstellung von Tee

z. B. aus Minze oder Salbei:

Frische oder getrocknete Blätter (etwa 1/2 bis 1 EL auf 1 Tasse) werden mit kochendem Wasser überbrüht und 5 bis 15 Minuten ziehen gelassen. Danach abseihen und in kleinen Schlucken trinken.

Name	Anwendung	Wirkung
Basilikum	Tee aus Blättern	Nervenberuhigend, schmerzstillend, bei Migräne
Borretsch	Tee aus Blättern	Bei Schleimhaut- und Venenentzündungen
Estragon	Tee aus Blättern	Appetitanregend, harntreibend, verdauungsfördernd
Lavendel	Duft	Beruhigend, krampflösend, schlaffördernd
Lavendel	Tinktur aus Blüten	Durchblutungsfördernd, bei Rheuma und Hautjucken
Majoran	Tee aus Blättern	Bei Magen- und Darmbeschwerden, Blähungen
Minze	Tee aus Blättern	Stoffwechselanregend, krampflösend, bei Gallenkoliken
Minze	Öl zum Einreiben	Bei örtlich auftretenden Schmerzen, Neuralgien
Oregano	Öl	Zum Gurgeln oder Inhalieren gegen Verschleimungen
Rosmarin	Tee aus Blättern	Bei nervösen Herzbeschwerden, Appetitlosigkeit
Salbei	Tee aus Blättern	Bei Katarren der oberen Luftwege, Husten, Durchfall
Thymian	Tee aus Blättern	Appetitanregend, desinfizierend, schleimlösend
Zitronenmelisse	Tee aus Blättern	Bei Nervosität, Blähungen, Herzbeschwerden, Schlaflosigkeit, Migräne, Krämpfen

Kräutertee ist wohltuend für Körper und Seele. Die Wirkung ist am stärksten, wenn man ihn frisch aufbrüht.

Herstellung einer Tinktur

z. B. aus Lavendel:

Frische Blätter oder Triebspitzen mit hochprozentigem Alkohol (über 40 %) übergießen. Das Gefäß verschließen und 14 Tage lang an einen warmen, sonnigen Ort stellen. Danach filtern und dabei das Kraut gut auspressen. Nehmen Sie davon zwei- bis dreimal täglich 15 bis 25 Tropfen vor den Mahlzeiten ein, Kinder bekommen die Hälfte.

Herstellung von Öl

z. B. aus Oregano oder Minze:

Eine Handvoll Blätter mit 1/2 Liter Öl übergießen. An einem warmen, dunklen Ort drei bis vier Wochen ziehen lassen. Anschließend auspressen, filtern und in eine dunkle Flasche abfüllen. Mit besonders viel Heilkraft ausgestattete Kräuter sind Salbei und Rosmarin. Rosmarin wirkt desinfizierend, die phenolischen Säuren im Salbei haben zusätzliche eine Bakterien abtötende Wirkung.
Das machten sich schon im Mittelalter die Straßendiebe zunutze. Als 1690 in Toulouse die Pest ausbrach, wuschen sich die Diebe mit einem Extrakt aus Rosmarin und Salbei, um sich beim Plündern der Toten auf der Straße nicht mit dem tödlichen Erreger zu infizieren.
Lavendel ist sehr vielseitig einsetzbar, besonders wenn es um die gesundheitsfördernde Wirkung geht. Allein sein Duft wirkt beruhigend, krampflösend und schlaffördernd. Daher sorgt ein mit frischem Lavendel gefülltes Duftkissen für einen erholsamen Schlaf. Lavendel-Öl wird direkt eingenommen und hilft gegen Kopfschmerzen, Blähungen und Appetitlosigkeit.

SMART

Schon gewusst?

Schon am botanischen Namen kann man erkennen, ob Pflanzen eine heilende Wirkung zugesprochen wird. Alle Pflanzen, deren Artbezeichnung „officinalis“ ist, wurden früher offiziell als Heilpflanzen angesehen.

Frische Kräuterküche

Was wäre eine gesunde und schmackhafte Küche ohne frische Kräuter? Die meisten Arten bekommen Sie das ganze Jahr über im Handel – frisch im Topf oder als Bund, tiefgefroren oder getrocknet. Selbst gezogene Kräuter – ob im Garten oder im Topf – haben aber den Vorteil, dass sie jederzeit frisch geerntet werden können und man sicher sein kann, dass sie keine Schadstoffe enthalten.
Außerdem duften mit frischen Kräutern gewürzte Speisen besonders intensiv – da läuft einem das Wasser im Mund zusammen! Und genau diese vermehrte Speichelbildung regt die Produktion von Verdauungsenzymen an. Somit tragen Kräuter nicht nur dazu bei, dass Speisen besser eingespeichelt und verschluckt werden können, sondern regen auch die Verdauung an. Nicht umsonst sagt man, dass mit Kräutern gewürzte Speisen besser verträglich sind. Viele Kräuter enthalten zudem ätherische Öle, die gegen Blähungen und Magen-Darm-Beschwerden helfen. Auch regen sie die Herztätigkeit an und verhindern damit die oft auftretende Müdigkeit nach einem üppigen Essen.

Basilikum	Fleisch-, Gemüse-, Pilz- und Eiergerichte, Eintöpfe, italienische Gerichte
Borretsch	Salate, saure Gurken, Eier, Pilze, Garnierung
Dill	Gurken- und Kartoffelsalat, Einlegen von Gurken, Fisch, Gemüsesuppen, Marinaden
Estragon	Einlegen von Gurken, Sauerkraut, weiße Soßen, Kaninchen, Huhn, Kalb, Lamm
Lavendel	Salat, Braten, Fisch
Majoran	Wurst, Suppen, Salate mit Fleisch oder Fisch, Hülsenfrüchte, Bratkartoffeln, Käse
Oregano	Tomatengerichte, Pizza, Chili con Carne
Petersilie	Suppen, Gemüse, Garnierung
Rosmarin	Mediterrane Fleischgerichte, Rouladen, Lamm
Salbei	Lamm, Kalb, Leber, Wild, Geflügel
Schnittlauch	Vielseitig verwendbar, auch mit Quark oder Käse als Brotaufstrich
Thymian	Mediterranes Gewürz, Pizza, Eintöpfe, Geflügel, Wild
Zitronenmelisse	Salate, Kräuterquark, Süßspeisen, Garnierung

Das richtige „Werkzeug“

Zum Ernten benötigen Sie ein kleines, scharfes Messer, um die Kräuterzweige abzuschneiden. Die frisch geernteten Kräuter werden sofort unter kaltem Wasser abgespült und anschließend auf Küchenkrepp getrocknet. Zum Zerkleinern eignet sich am besten ein so genanntes Wiegemesser. Mit den zwei scharfen, gebogenen Klingen lassen sich auf einem Holzbrett die Kräuter gleichmäßig und fein zerkleinern, ohne gequetscht zu werden.

Würzen mit Kräutern

Soll man Kräuter mitkochen oder erst zum Schluss der fertigen Speise zugeben? Lässt man Kräuter mitkochen, werden die enthaltenen Mineralstoffe besser freigesetzt. Allerdings werden gleichzeitig die ätherischen Öle, welche die Gewürzkraft ausmachen, durch Kochen weitgehend zerstört. Daher fügen Sie Kräuter grundsätzlich erst gegen Ende der Kochzeit hinzu und lassen Sie diese nur kurz mitziehen. Um den Geschmack der Speise bzw. der Kräuter zu intensivieren, kann man dann noch einmal kurz vor dem Servieren nachwürzen. Wenn Sie noch nicht viel Erfahrung im Umgang mit Kräutern haben, verwenden Sie anfangs immer nur eine Art beim Kochen. So können Sie am besten feststellen, ob Ihnen das Aroma zusagt und wie viel Sie von dem Gewürzkraut für Ihren Geschmack verwenden müssen.

Kräuter bringen Farbe auf den Tisch

Kräuter verleihen einer Speise nicht nur Duft und Aroma, sondern bringen auch Farbe auf den Teller. Und das Auge isst immer mit! Ein kräftiges Grün vermittelt den Eindruck von Frische und wirkt gleichzeitig ausgleichend auf unser Gemüt. Bunte Blüten zur Dekoration sind ein willkommener Blickfang und machen mehr Lust aufs Essen. Probieren Sie es aus!

Bei einer abwechslungsreichen, gesunden Ernährung dürfen frische Kräuter nicht fehlen.

Frische Kräuterpaste

Aus frischen Kräutern lässt sich ganz einfach eine Paste herstellen, die man als Brotaufstrich oder zum Verfeinern von Suppen oder Soßen verwenden kann. Hierzu werden 100 g frische Kräuter nach Geschmack mit 1 bis 2 Knoblauchzehen, 10 g Salz und 4 EL Olivenöl fein püriert. Will man die Paste nicht gleich verbrauchen, füllt man sie in ein kleines Glas, bedeckt sie 1 cm hoch mit Olivenöl und kann sie so verschlossen einige Tage bei Zimmertemperatur aufbewahren.

SMART

Schon gewusst?

Kräuter mit einem hohen Vitamin-Gehalt (besonders Vitamin C) wie Petersilie, Schnittlauch, Brunnen- und Gartenkresse sollten auf alle Fälle ungekocht verzehrt werden, damit die wertvollen Vitamine erhalten bleiben.

Volles Kräuteraroma

Eine der ganz besonderen Eigenschaften von Küchenkräutern ist ihr aromatischer Duft, wenn die in der Pflanze enthaltenen ätherischen Öle freigesetzt werden. Diese Duftstoffe kann man auf unterschiedlichste Weise zum Aromatisieren verwenden.

Wissenschaftler haben nachgewiesen, dass uns Düfte beeinflussen – kein Wunder, denn der Geruchssinn ist der ursprünglichste aller Sinne. Auch die Aromatherapie macht sich eine Vielzahl von Düften zunutze, um das Wohlbefinden zu steigern, Stresssymptome zu mildern oder eine belebende oder beruhigende Wirkung zu erzielen. Am einfachsten ist bei der Aromatherapie die Anwendung von Duftölen. Sie werden in der Regel durch Wasserdampfdestillation aus den verschiedenen Kräutern wie zum Beispiel Lavendel, Salbei, Rosmarin, Thymian, Majoran oder Oregano gewonnen und sind im Fachhandel erhältlich. Geben Sie einfach ein paar Tropfen auf ein sauberes Taschentuch, atmen Sie tief ein und spüren Sie die wohltuende Wirkung. Oder Sie träufeln einige Tropfen Öl zusammen mit etwas Wasser in die Schale einer Duftlampe und schon wird der Raum mit dem angenehmen Duft erfüllt.

Aromatische Öle lassen sich zum Beispiel mit Oregano und Majoran herstellen.

Kräuteröl

Sie können sich auch aromatisierte Öle selber herstellen, die man dann sowohl zum Kochen als auch zur innerlichen und äußerlichen Anwendung verwenden kann. Hierzu geben Sie einfach vier bis fünf Zweige jeweils eines Krautes (nicht verschiedene) in eine Flasche mit 3/4 l gutem Olivenöl. Die Kräuter sollten zuvor gewaschen und anschließend gut trockengetupft werden. Lassen Sie das Ganze drei bis vier Wochen stehen und filtern Sie dann das Öl ab. Anschließend dunkel und kühl aufbewahren und möglichst innerhalb von drei Monaten verbrauchen. Ätherische Öle aus den Kräutern sind dann in das Olivenöl übergangen und verleihen ihm ein intensives Aroma.

Die Aromastoffe der Kräuter gehen innerhalb von einigen Wochen in das Öl über.

Kräuteressig

Ausschließlich zum Gebrauch in der Küche gedacht sind Kräuteressige. Zum Aromatisieren von Essig sind besonders geeignet Borretsch, Bohnenkraut, Dill, Estragon, Minze, Rosmarin, Thymian und Zitronenmelisse, aber auch viele andere Kräuter mit intensivem Aroma. Der verwendete Essig sollte kein starkes Eigenaroma besitzen wie zum Beispiel Balsamico. Einfacher heller Weinessig ist am besten geeignet. Das Aromatisieren erfolgt wie oben beim Kräuteröl beschrieben. Allerdings kann man beim Kräuteressig auch ruhig mehrere Arten miteinander kombinieren wie zum Beispiel Estragon, Thymian und Rosmarin oder Thymian und Zitronenmelisse. Aromatischer Kräuteressig eignet sich besonders für Salate oder zum Einlegen von Käse oder Gemüse.

Pfefferminzlikör

15 Stängel Pfefferminze
1 l Weingeist (96 %iger Alkohol aus der Apotheke)
Schale von einer ungespritzten Zitrone
1 kg Zucker
1 l Wasser

Die Pfefferminze gründlich waschen und grob zerkleinern. In ein großes Glas geben und mit dem Weingeist übergießen. Fest verschließen und zwei Wochen stehen lassen. Zwei Tage vor der Weiterverarbeitung die Zitronenschale zufügen. Nach den zwei Wochen den Zucker mit dem Wasser aufkochen und zu der Kräuter-Weingeist-Mischung geben. Über Nacht ziehen lassen und anschließend durch ein Mulltuch abseihen. In Flaschen füllen und noch zwei Monate stehen lassen. Dann ist der Pfefferminz-Likör verzehrfertig. Man kann ihn pur genießen oder für Mixgetränke verwenden.

SMART Tipp

Wenn Sie Küchenkräuter im Garten ziehen, pflanzen Sie sie an gut zugängliche Stellen – zum Beispiel direkt neben der Terrasse oder an Wegen. Immer wenn Sie dann daran vorbeikommen, reiben Sie ein Paar Blätter zwischen Ihren Fingern und Sie werden sofort den angenehmen Duft verspüren, den sie verströmen.

Schön mit Kräutern

Kräuter eignen sich nicht nur zum Würzen von Speisen und zur Zubereitung von heilkräftigen Tees und Tinkturen. Viele von ihnen lassen sich auch für die Schönheitspflege verwenden. Ob als klärende Hautlotion oder besänftigendes Fußbad – machen Sie sich die hautpflegenden und stimulierenden Inhaltsstoffe zunutze und das ganz ohne Chemie und Konservierungsstoffe!

Gesichtspflege

Viele Kräuter enthalten Substanzen, die Hautunreinheiten klären und das Hautbild verfeinern. Je nach Kraut können Sie den aus den Blättern frisch gepressten Saft direkt auf die Haut aufbringen oder Sie machen ein Dampfbad mit dem entsprechenden Kraut.
Die Blätter der Borretsch-Pflanze sind sehr saftig. Bringen Sie den Saft direkt auf die Haut auf. Er säubert verstopfte Poren und zieht sie zusammen. Ebenfalls gegen unreine und fettige Haut helfen Dampfbäder oder heiße Kompressen mit Kerbel, Majoran, Pfefferminze, Rosmarin, Salbei oder

Natürliche Schönheit *durch Kräuter: Viele Inhaltsstoffe wirken klärend oder beruhigend.*

Thymian. Geben Sie hierfür einfach eine Handvoll frische Kräuter in eine große Schüssel und gießen Sie kochendes Wasser darüber. Beugen Sie sich mit dem Gesicht über die Schüssel und legen Sie ein Handtuch darüber. Für Kompressen tränken Sie saubere Tücher mit dem Aufguss und legen diese auf die Haut. Eine Kompresse aus Borretschkraut hilft bei müder, schlecht durchbluteter Haut.

Reinigungslotion

gegen fettige und unreine Haut

- 3 TL Olivenöl
- 1 EL süßes Mandelöl
- 3 TL Lanolin
- 1 EL frisch gehackte Petersilie

Die Petersilie in ein dicht schließendes Gefäß geben und mit dem Olivenöl übergießen. Eine Woche an einen warmen Ort stellen. Anschließend filtrieren und die Petersilie gut auspressen. Das gefilterte Öl zusammen mit Mandelöl und Lanolin im Wasserbad erhitzen und anschließend abfüllen. Vor Licht schützen.

Frischer Atem

Basilikum hilft gegen Mundgeruch: Eine Handvoll Basilikum mit 1/4 Liter kochendem Wasser überbrühen. Nach 15 Minuten den Aufguss filtern und den Mund damit gut ausspülen.

Auszüge aus Kräutern lassen sich vielfältig für die Schönheitspflege nutzen.

Zitronenmelisse desinfiziert und gibt frischen Atem: 10 g getrocknete Blätter werden mit 100 ml hochprozentigem Alkohol (über 40 %) in eine dunkle Flasche gefüllt. Nach vier Wochen Aufbewahrung an einem warmen Ort wird die Lösung gefiltert und bei Bedarf verwendet.

Ein wohltuendes Kräuterbad

Ein Kräuterbad ist eine Wohltat für Körper und Seele. Pflücken Sie einfach zwei Handvoll frische Kräuter und stecken Sie sie in ein Baumwollsäckchen (eine Baumwollsocke tut es auch). Tauchen Sie dieses Säckchen in einen großen Topf mit kochendem Wasser und lassen Sie das Ganze mindestens zehn Minuten ziehen. Dieses Konzentrat gießen Sie nun ins Badewasser. Manche Kräuter wie Rosmarin, Thymian, Zitronenmelisse oder Minze pflegen zusätzlich Ihre Haut.

Lavendelöl

für Nägel und Nagelhaut

Füllen Sie vor der Maniküre eine nicht zu große Schüssel mit warmem Wasser. Geben Sie zwei Tropfen Lavendelöl hinein und tauchen Sie die Fingerspitzen mindestens fünf Minuten in das Wasser. Lavendel wirkt besänftigend und antibakteriell und reinigt und desinfiziert das Nagelbett.

Fußbad mit Rosmarin

Übergießen Sie eine Handvoll Rosmarinblätter mit einem Liter kochendem Wasser. Lassen Sie den Aufguss 15 Minuten ziehen und gießen Sie ihn dann ins Fußbad. Es hilft gegen müde Beine und Schweißfüße und bereitet die Füße perfekt für eine Pediküre vor.

SMART Tipp

Besonders belebend und entspannend ist ein Bad mit Pfefferminze und Rosmarin. Es hilft außerdem bei fettiger und unreiner Haut.

SPEZIAL

Vom Topf zum Teller

Kräutergarten auf Fensterbank & Balkon

Auch ohne Garten können Sie jeden Tag frische, selbst geerntete Kräuter nutzen. Fast alle Arten lassen sich genauso gut in Töpfen und Kübeln ziehen, die Sie dann je nach Jahreszeit auf der Fensterbank oder auf dem Balkon platzieren können. Die meisten Küchenkräuter stammen aus dem mediterranen Raum und brauchen daher viel Sonne. Zu ihnen gehören Basilikum, Estragon, Majoran, Oregano, Rosmarin und Thymian. Daher ist für sie ein Südfenster oder ein Südbalkon optimal. Weisen Fenster oder Balkon nur nach Osten oder Westen, sollten Sie sich auf weniger sonnenhungrige Kräuter beschränken wie Petersilie, Kerbel, Kresse, Borretsch, Minze oder Schnittlauch. In reiner Nordlage gedeihen Küchenkräuter in der Regel nicht. Auf dem Balkon sollten Sie darauf achten, dass die Kräuter in einer windgeschützten Ecke stehen. Sollte sich das Haus an einer stark befahrenen Straße befinden, lagern sich entsprechende Schadstoffe und Rußpartikel auf den Kräutern ab. Dann ist es besser, die Töpfe in die Wohnung zu stellen. Kräuter lieben Wärme. Aber oft ist es für sie in der beheizten Zimmerluft zu trocken. Daher besprühen Sie die Pflanzen gelegentlich mit Wasser, um die Luftfeuchtigkeit zu erhöhen.

Eine besonders Platz sparende Lösung!

Welcher Topf soll es sein?

Die Wahl der Pflanzgefäße ist ganz Ihrem Geschmack überlassen. Kunststofftöpfe haben den Vorteil, dass sie leicht sind und die Erde nicht so schnell austrocknet. Sie sind besonders zu empfehlen bei Pflanzen, die große Töpfe benötigen und dann durch das geringere Gewicht besser transportiert werden können. Terrakotta- und einfache Tontöpfe sind schwerer, lassen schneller Feuchtigkeit verdunsten und sind in der Regel nicht frostfest. Mit farbig glasierten Töpfen können Sie Ihren Kräutergarten farblich auf das restlichte Ambiente oder die Blüten- und Blattfarbe der Pflanze abstimmen.
Sie können Kräuter auch in Balkon- oder Blumenkästen pflanzen. Dort kann man sie dann mit Salat, Gemüse oder Blumen kombinieren. Wichtig ist, dass die Pflanzgefäße ausreichend große Abzugslöcher haben, damit keine Staunässe entsteht, da die meisten Kräuter äußerst empfindlich darauf reagieren. Die Töpfe werden dann einfach auf einen passenden Untersetzer gestellt; so lässt sich die Wassermenge beim Gießen gut kontrollieren. Zum Bepflanzen füllen Sie

am besten auf den Gefäßboden eine Schicht Blähton oder Tonscherben, um einen besseren Abfluss zu gewährleisten. Darauf kommt dann die Erde, in die Sie etwas Hornspäne oder Langzeitdünger-Pellets einarbeiten können, um die Kräuter ausreichend mit Nährstoffen zu versorgen. Als Pflanzsubstrat können Sie normale Blumenerde verwenden. Es gibt im Handel aber auch spezielle Kräutererde.

Durch geschickte Anordnung lassen sich auf engstem Raum viele verschiedene Kräuter ziehen.

Richtiges Überwintern

Viele Küchenkräuter sind einjährige Pflanzen, die bis zum Herbst Erträge bringen und dann absterben. Sie müssen jedes Jahr neu ausgesät oder nachgekauft werden. Es gibt aber auch einige dauerhafte Stauden, deren Frostfestigkeit unterschiedlich sein kann.

Im Garten wachsende Kräuter wie Lavendel, Rosmarin, Oregano oder Thymian sind zwar in der Regel winterhart, bei manchen empfiehlt sich aber besonders in rauen Lagen ein zusätzlicher Winterschutz durch Abdeckung mit Stroh oder Reisig.

Pflanzen, die in Töpfen oder Kübeln gezogen werden, sind wesentlich anfälliger für Frostschäden, da die Erde eher von Frost durchdrungen werden kann, wodurch die Wurzeln geschädigt werden können. Töpfe, die über den Winter draußen bleiben sollen, stellen Sie am besten auf eine Styroporplatte und umwickeln sie mit Noppenfolie. Mehrere Töpfe lassen sich auch zusammen in Kästen überwintern. Dann werden die Zwischenräume ebenfalls mit Noppenfolie ausgefüllt und die Pflanzen von oben noch zusätzlich mit Reisig abgedeckt.

Im Winter sollte das Gießen zwar reduziert, aber nicht ganz eingestellt werden.

SMART

Schon gewusst?

Nicht winterharte Arten brauchen einen möglichst hellen, frostfreien Standort. Geeignet sind zum Beispiel helle Treppenhäuser, helle Garagen oder auch unbeheizte Gewächshäuser oder Wintergärten.

Pflegeleichtes Kräuterbeet

Wenn Sie das Glück haben, einen eigenen Garten zu besitzen, dann sollten Sie auf alle Fälle ausreichend Platz für eine Kräuterecke oder sogar ein separates Kräuterbeet reservieren. Denn Kräuter sind nicht nur praktisch verwendbar in der Küche, sondern auch eine hübsche und duftende Ergänzung zu Blumen- und Gemüsebeeten.

Alternativ kann man Kräuter auch zwischen Gemüse aussäen oder als Randbepflanzung verwenden, wozu sich besonders Stauden und Halbsträucher eignen.

Wachsen aromatische Kräuter an den Wegrändern im Garten, sind sie leicht zu beernten. Außerdem verströmen sie jedes Mal, wenn man sie streift oder berührt, ihren betörenden Duft. Ein Kräuterbeet sollte in geringer Entfernung vom Haus angelegt werden, damit der Weg von der Küche dorthin möglichst kurz ist, was besonders bei schlechter Witterung von Vorteil ist.

Die Steinfliesen machen dieses Kräuterbeet gut zugänglich und erleichtern die Ernte.

Die Holzeinfassung verhindert, dass die Kräuter den angrenzenden Rasen überwuchern.

Wenn Sie in Ihrem Garten eine große Rasenfläche haben, wirkt darin ein rundes Kräuterbeet auch als attraktiver Blickfang. Damit der Rasen nicht in das Beet hineinwächst oder die Kräuter nicht den Rasen überwuchern, fassen Sie das Beet einfach mit Steinplatten oder großen Natursteinen ein.

Ideale Pflanzzeit

Die beste Zeit, um ein Kräuterbeet anzulegen, ist das Frühjahr oder der Frühsommer. Allerdings müssen Sie schon im Frühwinter den Boden vorbereiten, indem Sie reifen Kompost oder Mist in die Erde einarbeiten. Bei schlecht durchlässigen Böden empfiehlt sich das Anlegen einer Drainage sowie das Einarbeiten von etwas Sand in die oberen 15 cm Substrat.
Eine möglichst sonnige Lage ist für die meisten Kräuter optimal.

Sie können die Kräuter direkt in das Beet aussäen oder kleine, aus Stecklingen gezogene Pflänzchen setzen. Allerdings empfiehlt es sich, ein völlig neues Beet auch gleich mit kräftigen Jungpflanzen zu besetzen. So erhalten Sie sofort den richtigen optischen Eindruck beim Arrangieren der verschiedenen Arten und können auch bald schon ernten. Achten Sie darauf, dass die höheren Pflanzen nicht den klein bleibenden die Sonne wegnehmen. Also am besten von Süden nach Norden in aufsteigender Wuchshöhe anpflanzen.
Es empfiehlt sich, vor dem Anlegen des Beetes einen Bepflanzungsplan zu erstellen. Das ist besonders wichtig für ein- und zweijährige Kräuter, damit man die einzelnen Arten in den Folgejahren immer an einen anderen Platz pflanzen kann. Somit lässt sich dem Auftreten von Krankheiten leicht vorbeugen.

Das magische Quadrat

An einen sonnigen Standort einen Holzrahmen (Kantenlänge 1,30 m) aus 15 cm breiten und 3 cm dicken Brettern auf den Boden legen.

Das Quadrat bis obenhin mit guter Erde auffüllen (250 bis 300 l erforderlich).

Das Quadrat mit Bindfäden oder Stangen in 16 Quadrate von je 30 cm Kantenlänge aufteilen.

In jedes dieser Quadrate Jungpflanzen einsetzen oder aussäen.

Regelmäßig gießen und oft ernten, dabei gleich das Unkraut entfernen.

Im Juni mit reifem Kompost mulchen.

SMART

Schon gewusst?

Oft fördern die Duftstoffe von Kräutern das Wachstum anderer Gartenpflanzen, wirken abschreckend für Schädlinge oder verhindern einen Pilzbefall bei den Nachbarpflanzen. Stark duftende Kräuter auf Terrasse oder Balkon halten auch kleine Plagegeister wie Mücken fern.

Die Kräuterspirale

Durch das Anlegen einer Kräuterspirale bringen Sie einen ganz besonderen Blickfang in Ihren Garten. Mit der Kräuterspirale können Sie außerdem auf kleinstem Raum viele verschiedene Kräuter, die auch unterschiedliche Ansprüche stellen, anpflanzen und somit ständig für jedes Gericht das passende Kraut frisch ernten.

Eine Kräuterspirale bietet auf engstem Raum Platz für viele Kräuter.

Eine Kräuterspirale können Sie im Frühjahr oder Herbst anlegen. Bei der Wahl des Standortes sollten Sie darauf achten, dass der Weg zum Haus bzw. zur Küche nicht zu weit ist und dass man auch bei schlechtem Wetter möglichst trockenen Fußes dorthin gelangt. So können Sie die frisch geernteten Kräuter sofort verarbeiten. Optimal ist es, wenn die Kräuterspirale frei zur Sonne steht, also nicht durch Bäume oder Mauern beschattet wird.

Sie benötigen eine Grundfläche von etwa 3 qm. Die Höhe beträgt dann etwa 1 Meter.

Zum Anlegen der Kräuterspirale errichten Sie aus Natursteinen eine nach oben ansteigende Spirale, die mit Pflanzerde aufgefüllt wird. Die Steine speichern die Sonnenwärme und geben

sie an die Pflanzen weiter. Um Mutterboden zu sparen, können Sie die höher gelegenen Bereiche zunächst mit Bauschutt, Aushub oder Steinen auffüllen und erst darauf die Erde verteilen. Am Fuß der Kräuterspirale wird die Erde mit reifem Kompost vermischt, um ein nährstoffreiches Substrat zu erhalten. Nach oben hin wird der Anteil an Kompost immer weniger. An der Spitze vermischen Sie die Erde mit Sand und Kalk. Den Fuß der Kräuterspirale bildet ein Miniteich, um hier auch Wasser- und Uferpflanzen ideale Wachstumsbedingungen zu bieten. Zum Anlegen dieses Miniteichs benötigen Sie noch etwas Teichfolie. Der Teich sollte immer Richtung Süden weisen.
Nun können Sie verschiedene Kräuter entsprechend ihrer Bedürfnisse an unterschiedliche Stellen dieser Spirale pflanzen. Arten, die mehr Feuchtigkeit und nährstoffreichen Boden benötigen, werden in den unteren Bereich gesetzt. Kräuter, die viel Sonne benötigen und auch besser Trockenheit vertragen, pflanzt man in die oberen Regionen. Achten Sie darauf, dass höhere Pflanzen auf der Nordseite stehen, damit sie nicht die kleineren Kräuter beschatten.
Ein- und zweijährige Pflanzen müssen regelmäßig ausgetauscht werden. Dabei sollten die einzelnen Arten nie zweimal hintereinander auf denselben Platz gepflanzt werden.

Kräuter lassen sich auch zwischen den Speichen eines alten Wagenrads anpflanzen – aber keine stark wuchernden Arten verwenden!

SMART Tipp

Die Zwischenräume der Mauer können Sie mit kleinen kriechenden Arten wie zum Beispiel Thymian bepflanzen.

Die Kräuterspirale lässt sich in vier verschiedene Regionen aufteilen:
A – Wasserzone: nass und feucht, geeignet für Brunnenkresse und Wasserminze
B – Feuchtzone: nährstoffreich, sonnig und feucht, geeignet für Petersilie, Schnittlauch und Kerbel
C – Normalzone: humusreich, halbschattig und trocken, geeignet für Zitronenmelisse, Basilikum, Dill, Estragon und Liebstöckel
D – Mittelmeerzone: mager, sonnig und trocken, geeignet für Oregano, Thymian, Salbei, Majoran und Lavendel.

SPEZIAL

Schnecken & Co.

Glücklicherweise sind Kräuter sehr widerstandsfähig gegen Krankheiten und Schädlinge. Dies liegt an dem hohen Gehalt an ätherischen Ölen, die sich in den Blättern befinden. Kräuter bieten sogar benachbartem Gemüse und Zierpflanzen einen gewissen Schutz. Dennoch kann es auch bei ihnen gelegentlich zu einem Befall kommen.

Besonders wenn die Pflanzen nicht optimale Wachstumsbedingungen vorfinden oder sich mit beengten Verhältnissen in Töpfen oder Kübeln begnügen müssen, sind sie anfälliger für Insekten- oder Pilzbefall. Und da wir die Kräuter ja in erster Linie zum Verzehr anpflanzen, sollten wir auf eine chemische Bekämpfung verzichten und auf mechanische und gesundheitlich unschädliche Methoden zurückgreifen.

Blattläuse lassen sich leicht durch Abspritzen oder Abwaschen mit Seifenlösung entfernen.

Die Weiße Fliege tritt nur bei trockenem Wetter auf und ist auf der Blattunterseite zu finden.

Blattläuse

Blattläuse lassen sich meistens durch Abstreifen, durch Bespritzen mit einem scharfen Wasserstrahl und durch Besprühen mit normalem Geschirrspülmittel – natürlich in Wasser verdünnt – von der Pflanze entfernen. Auch das Kochwasser von Pellkartoffeln soll helfen, da das in den Kartoffeln enthaltene Solanin die Blattläuse abtötet.

Schildläuse

Ein Schildlausbefall kommt bei Kräutern ziemlich selten vor. Als Sofortmaßnahme empfiehlt sich das Abbürsten mit einer weichen Zahnbürste. Ein regelmäßiges Besprühen mit Seifenlösung wie gegen Blattläuse beugt einem neuen Befall vor.

Spinnmilben

Spinnmilben können bei lang anhaltender Hitze und Trockenheit auftreten. Man erkennt die feinen Gespinste an den Trieben. Die Blätter sehen gesprenkelt aus und vergilben. Spülen Sie die Spinnmilben mit Wasser oder Seifenlösung ab.

Weiße Fliege

Bei heißem, trockenem Wetter kann es zu Befall mit der Weißen Fliege kommen. Sie wird auch als Mottenschildlaus bezeichnet. Diese kleinen mottenähnlichen Tierchen sitzen auf den Blattunterseiten und saugen Pflanzensaft. Dagegen hilft mehrmaliges Spritzen mit Brennnesseljauche.

Wollläuse

Wollläuse kommen gelegentlich bei Rosmarin vor. Sie bilden weiße wachsartige Wollhäufchen und saugen an Blättern und Trieben. Wischen Sie die Schädlinge mit einem alkoholgetränkten Lappen ab.

Mehltau

Mehltau ist eine Pilzinfektion, gegen die Kräuter mit einem hohen Anteil an ätherischen Ölen ziemlich resistent sind. Zur Vorbeugung können Sie anfällige Pflanzen mit Schachtelhalmbrühe gießen.

Rost

Auch hierbei handelt es sich um eine Pilzerkrankung, die zum Beispiel bei Schnittlauch auftreten kann. Wirksame Vorbeugung ist regelmäßiges Abschneiden der Triebe. Schneiden Sie etwa einmal wöchentlich ein Drittel der Halme knapp über dem Boden ab. Dadurch wird zusätzlich ein dichter Wuchs zarter Halme gefördert und bis sie nachgewachsen sind, können Sie noch von den anderen Halmen ernten.

Schneckenzäune schützen die Kräuter vor den gefräßigen Schädlingen.

Wurzelfäule

Gelbe Blätter und schwärzliche Stiele sind Anzeichen für Wurzelfäule, die durch Staunässe verursacht wird. Graben Sie die Pflanzen sofort aus, vernichten Sie befallene Teile und setzen Sie die Pflanzen an einen anderen Platz in gut durchlässigen Boden.

Nematoden

Manche Kräuter wie zum Beispiel Petersilie können von Nematoden, winzigen Würmern im Boden, befallen werden. Man erkennt es an der Rotfärbung der Blätter. Wird eine Art immer wieder auf derselben Fläche angebaut, erhöht sich die Gefahr eines Auftretens dieser Schädlinge. Daher sollten Sie Kräuter jedes Jahr auf einer anderen Fläche aussäen.

Schnecken

Schnecken lieben zartblättrige Kräuter wie zum Beispiel Basilikum. Verteilen Sie Kieselerde rund um die Pflanzen und mulchen Sie nicht, weil das die Schnecken anzieht und sie sich in der feuchten Umgebung wohl fühlen. Alternativ dazu können Sie auch einen Schneckenzaun um das Kräuterbeet herum anbringen. Schneckenzäune bestehen aus Blech, Gitterdraht oder Kunststoff und müssen eine nach unten abgewinkelte Kante aufweisen, die die Schnecken nicht überwinden können.

SMART

Schon gewusst?

Natürliche Feinde von Blattläusen sind Marienkäfer und deren Larven sowie Florfliegen. Ab Juni sind sie im Garten zu finden.

Kräuter selbst ziehen & vermehren

Ob Sie Kräuter im Garten, auf der Terrasse oder der Fensterbank ziehen möchten, immer stellt sich die Frage, woher man geeignete Pflanzen bekommt. Am kostengünstigsten ist es natürlich, wenn Sie die Pflanzen aus Samen ziehen. Aber auch durch Stecklinge oder Teilung des Wurzelstocks können Sie Kräuter leicht vermehren.

Grundsätzlich lassen sich alle Kräuter aus Samen ziehen; die einjährigen Arten sind am besten dafür geeignet. Bei mehrjährigen Arten kann es dagegen recht lange dauern, bis sich kräftige Pflanzen gebildet haben, die man beernten kann.
Zur Aussaat – auch direkt ins Freiland – eignen sich gut Basilikum, Borretsch, Bohnenkraut, Dill, Kerbel, Liebstöckel, Petersilie, Schnittlauch, Zitronenmelisse und die verschiedenen Kresse-Arten. Kaufen Sie dagegen besser kräftige Jungpflanzen oder ziehen Sie Stecklinge von Estragon, Lavendel, Majoran, Minze, Oregano, Rosmarin, Salbei und Thymian, wobei Sie Estragon, Majoran, Oregano, Salbei und Minze auch aussäen können.

Für die Anzucht und Vermehrung von Kräutern benötigt man nur wenige einfache Utensilien.

Kräuter aus Samen ziehen

Etwa ab März können Sie Kräutersamen aussäen und die Pflänzchen im Haus vorziehen. Wenn die letzte Frostgefahr vorüber ist, können Sie auch direkt ins Freiland säen. Achten Sie dann auf den richtigen Reihen- bzw. Pflanzabstand. Stehen die Pflänzchen zu dicht, müssen Sie pikieren, das heißt, dass nur die kräftigsten belassen werden.
Wenn Sie die Pflänzchen im Haus vorziehen möchten, sollten Sie spezielle Anzuchterde verwenden. Sie ist keimfrei und enthält keinen Dünger, der den Keimlingen eher schaden als

nützen würde. Die in den Samen enthaltenen Nährstoffe reichen nämlich noch für die ersten Wochen des Wachstums aus.
Achten Sie beim Aussäen darauf, ob es sich bei den Pflanzen um Lichtkeimer handelt. Deren Samen dürfen nicht oder nur sehr dünn nach der Aussaat mit Erde bedeckt werden. Alle anderen werden etwa doppelt so hoch, wie der Same dick ist, mit Substrat bedeckt. Die Anzuchterde muss immer gut feucht sein. Die Töpfe oder Schalen decken Sie mit einer durchsichtigen Haube oder Folie ab, damit ein möglichst gleichmäßiges Kleinklima herrscht. Sobald die Keimlinge erscheinen, wird die Abdeckung vorsichtig angehoben – jeden Tag etwas mehr, bis sie nach einigen Tagen ganz entfernt werden kann, wenn die Pflänzchen schon etwas kräftiger geworden sind. Vorsicht: Sie brauchen viel Helligkeit, aber noch keine pralle Sonne. Sobald neben den Keimblättern die ersten Laubblätter erscheinen, müssen Sie pikieren, Sie lassen also nur die stärksten Pflanzen stehen bzw. setzen zwei bis drei Pflänzchen in jeweils einen Topf. Jetzt werden sie allmählich an einen Sonnenplatz gewöhnt, damit sie sich zu kräftigen Pflanzen entwickeln.

Die kleinen Minzepflänzchen werden in größere Töpfe gepflanzt, damit sie ausreichend Platz zum Wachsen haben.

SMART

Schon gewusst?

Mit Saatscheiben können Sie Kräuter ganz einfach selbst ziehen. Sie bestehen aus Vlies, in das die Samen bereits eingebettet sind. Legen Sie die Saatscheiben einfach auf frische Anzuchterde und gießen Sie gut an. Decken Sie etwas Erde darüber und stellen Sie den Topf an einen geschützten, zum Teil besonnten Platz ins Freie. Schon nach sechs Wochen können Sie zum ersten Mal ernten.

Vermehren durch Stecklinge

Die Vermehrung durch Stecklinge eignet sich vor allem für verholzende Arten wie Rosmarin und Lavendel.

Und so wird's gemacht:

Im Sommer einen 6 bis 8 cm langen Trieb unterhalb eines Blattansatzes mit einem scharfen Messer abschneiden.

Die unteren Blätter mit dem Messer entfernen.

Die Stecklinge in Töpfe mit steriler Erde stecken und mit einer Plastiktüte als Haube abdecken.

Der Steckling ist angewachsen, wenn er wächst und neue Triebe und Blätter erscheinen; dann kann die Haube entfernt werden.

Ernten & Konservieren – so geht's

Wenn Ihnen nicht immer frische Kräuter aus dem Topf oder dem Garten zur Verfügung stehen, legen Sie sich einfach einen kleinen Vorrat an. Im Prinzip lassen sich alle Kräuter trocknen, aber einige verlieren dann so viel von ihrem Aroma, dass man sie besser einfriert oder einlegt.

Gut zum Trocknen geeignet sind: Anissamen, Beifuß, Bohnenkraut, Kümmelsamen, Lavendel, Liebstöckel, Majoran, Oregano, Petersilie, Pfefferminze, Salbei, Thymian, Zitronenmelisse

Gut zum Einfrieren geeignet sind: Basilikum, Borretsch, Dill, Estragon, Kerbel, Lavendel, Liebstöckel, Majoran, Oregano, Petersilie, Pfefferminze, Rosmarin, Salbei, Schnittlauch, Thymian

Gut zum Einlegen in Öl oder Essig geeignet sind: Basilikum, Beifuß, Bohnenkraut, Borretsch (in Essig), Dill, Estragon, Lavendel, Liebstöckel, Majoran (in Öl), Oregano (in Öl), Pfefferminze (in Essig), Rosmarin, Salbei (in Öl), Thymian (in Essig), Zitronenmelisse (in Öl)

Will man Kräuter konservieren, sollten sie bei trockenem Wetter geerntet werden und sauber sein.

Ernten – der richtige Zeitpunkt

Ernten Sie Kräuter bei trockenem Wetter am besten am Vormittag, dann besitzen sie den höchsten Gehalt an ätherischen Ölen. In den heißen Mittagsstunden sollte nicht geerntet werden, da dann der Gehalt an ätherischen Ölen in den Pflanzen am geringsten ist. Blätter haben das beste Aroma, bevor die Pflanze zu blühen beginnt. Werden ganze Triebe benötigt, sollten sie zur Erntezeit noch nicht verholzt sein. Blüten werden am besten geerntet, bevor sie vollständig aufbrechen. Eine Ausnahme bildet hier der Borretsch, dessen offene Blütensterne als Blickfang jede Speise verzieren. Samen wie zum Beispiel von Dill, Anis oder Kümmel werden geerntet, sobald sie beginnen sich braun zu färben. Schneiden Sie dann die ganzen Triebe ab und hängen Sie diese gebündelt auf. So können die Samen noch eine gewisse Zeit nachreifen und lassen sich später leichter ausdreschen.

Ganz einfach trocknen

Das Trocknen ist die einfachste Konservierungsmethode. Wer sich nicht extra dafür ein Trocknungsgerät anschaffen will, kann Kräuter auch an der Luft trocknen.
Man kann sie hierfür entweder zu kleinen Bündeln kopfüber an einen warmen, schattigen, trockenen Ort hängen oder man breitet sie auf einem mit Küchenkrepp ausgelegten Tablett aus und stellt sie an einen warmen Ort. Wenden Sie dann die Pflänzchen regelmäßig. Es sollten solche Bedingungen herrschen, dass die Kräuter innerhalb von höchstens drei Tagen rascheltrocken sind. Sollte das nicht der Fall sein, ist eine Trocknung im Backofen bei 35 ° C bis 45 ° C oder im Dörrgerät zu empfehlen.
Die trockenen Blätter werden von den Stielen abgestreift, zerkleinert und in dicht schließenden Gefäßen vor Licht geschützt aufbewahrt.
Kräuter, die getrocknet werden sollen, dürfen auf keinen Fall vorher gewaschen werden. Staub und loser Schmutz werden einfach abgeschüttelt.

Zum Trocknen werden Kräuter mit Schnüren gebündelt kopfüber aufgehängt.

Frisch halten durch Einfrieren

Das Einfrieren hat den Vorteil, dass Sie innerhalb kürzester Zeit große Mengen an Kräutern konservieren können. Da die Blätter durch das Einfrieren weich werden und teilweise auch ihre Farbe verändern, lassen sie sich nach dem Auftauen nicht mehr zum Garnieren verwenden. Daher werden Kräuter am besten gleich fein zerkleinert eingefroren.
Geben Sie die gehackten Kräuter in Eiswürfelschalen und füllen Sie mit Wasser auf. Sobald sie durchgefroren sind, geben Sie die Kräuter-Eiswürfel in Gefrierbeutel oder -dosen, um sie bequem im Gefrierschrank zu lagern. Vergessen Sie nicht, die Gefäße zu beschriften! Zur späteren Verwendung können Sie einfach die gefrorenen Kräuterwürfel beim Kochen zugeben.

SMART Tipp

Um die Farbe der Kräuter besser zu erhalten, kann man sie vor dem Zerkleinern kurz blanchieren, also etwa für zehn Sekunden in kochendes Wasser tauchen.

Kräuter von A – Z

Basilikum *(Ocimum basilicum)*

- Einjährige Pflanze
- Blüten und Blätter essbar
- Sehr heller Standort ohne pralle Sonne
- Feuchter, nährstoffreicher Boden
- Pflanzabstand 30 – 40 cm
- Höhe bis 45 cm

Seit die mediterrane Küche bei uns so populär geworden ist, hat das Basilikum mit den zahlreichen italienischen Speisen unaufhaltsam auch Einzug in unseren Speiseplan gehalten. Denn was wären Gerichte mit Nudeln, Tomaten und Käse ohne frisches Basilikum! Es gibt zwei Formen von Basilikum: das robuste, großblättrige und das kleinere, feinblättrige Basilikum mit einem intensiveren Aroma, das einen dichten Busch mit kleinen spitzen Blättern bildet. Außerdem gibt es viele verschiedene Sorten bzw. Züchtungen, die sich in Aussehen und Aroma unterscheiden (siehe S. 39). Die Blätter können rot, grün oder panaschiert sein. Die kleinen Blüten erscheinen in Ähren und sind je nach Sorte weiß, rötlich oder violett gefärbt.

Basilikum ist nicht winterhart und wird bei uns in der Regel einjährig gezogen. Säen Sie ab Ende März in Anzuchtschalen aus. Da Basilikum ein Lichtkeimer ist, dürfen die Samen nicht oder nur dünn mit Erde bedeckt werden. Wenn die Jungpflänzchen mindestens zwei Paar Blätter besitzen, können sie in Einzeltöpfe gesetzt werden. Erst nach den Eisheiligen darf Basilikum nach draußen in den Garten gepflanzt werden.

Im Sommer muss die Erde regelmäßig gewässert werden, da die Blätter sonst schnell welken. Um eine üppige Blattentwicklung zu fördern, zwicken Sie am besten regelmäßig die Blüten ab. Dann können Sie sogar bis in den Winter hinein ernten, wenn Sie die

Basilikum sollte möglichst frisch geerntet in der Küche verwendet werden, da es schnell sein Aroma verliert.

Pflanzen rechtzeitig ins Haus holen. Die Blätter sollten geerntet werden, solange sie jung und frisch sind.

Basilikum als Busch oder Baum

Die Basilikum-Sorte 'Magic Blue' wird aus Stecklingen gezogen und wächst wie ein kleiner Strauch mit langen, verholzenden Trieben. Sie lässt sich als Hochstämmchen oder kugeliger Busch ziehen. Sie ist zwar mehrjährig, aber nicht winterhart und muss daher frostfrei in einem hellen Wintergarten oder auf der Fensterbank überwintert werden.

Am besten frisch genießen

Wenn Sie Basilikum trocknen möchten, ernten Sie am frühen Morgen oder in der Abenddämmerung, wenn die Pflanze noch nicht blüht. Dann besitzen die Blätter das meiste Aroma. Allerdings verliert Basilikum beim Trocknen einen großen Teil seines Aromas.
In Olivenöl halten sich Basilikumblätter vier bis fünf Monate frisch. Einfach die Blätter zerkleinern, mit Olivenöl vermischen und in

Pesto à la Genovese ist die klassische Spagetti-Soße der italienischen Küche.

einem dicht schließenden Gefäß im Kühlschrank aufbewahren. Sie können die Blätter auch blanchieren (damit sie nicht dunkel werden) und anschließend einfrieren.

Pesto à la Genovese

2 Handvoll frische Basilikumblätter
125 ml Olivenöl
2 – 3 EL Pinienkerne
100 g Parmesan, frisch gerieben
2 – 3 Knoblauchzehen
Salz

Die Basilikumblätter waschen und trockentupfen. Den Knoblauch schälen und durch die Presse drücken. Basilikum mit den Pinienkernen, dem Knoblauch und dem Olivenöl in einem Mörser fein zerstoßen (wer keinen Mörser hat, kann auch einen Pürierstab benutzen), bis ein glatter Brei entsteht. Anschließend den geriebenen Käse einrühren. Mit Salz abschmecken. Diese Soße passt am besten zu Spagetti. Die Nudeln werden al dente gekocht, abgegossen und sofort mit dem Pesto vermischt. Das Pesto wird nicht extra erhitzt.

SMART

Schon gewusst?

Im Ayurveda ist das Basilikum eine wichtige Heilpflanze, die Herz und Geist öffnet. Duftforscher haben herausgefunden, dass Basilikum die Gehirntätigkeit anregen kann. Zerkleinertes Basilikum wurde früher als Mittel gegen Schlangenbisse und Mückenstiche verwendet. Ein daraus bereiteter Tee hilft gegen Magen- und Darmbeschwerden. Nach der Entbindung soll das Kauen von Basilikumblättern die Milchproduktion anregen.

Borretsch *(Borago officinalis)*

- **Einjährige Pflanze**
- **Blätter und Blüten essbar**
- **Sonniger bis halbschattiger Standort**
- **Nährstoffreicher, durchlässiger Boden**
- **Pflanzabstand 40 – 50 cm**
- **Höhe bis 90 cm**

Diese hübsche, auch Gurkenkraut genannte Pflanze mit den haarigen Blättern und den blauen Blüten gilt schon seit jeher als wirksames Mittel gegen Depressionen und als belebend für den Geist.

Borretsch ist eine einjährige Pflanze und kann im Frühjahr ab April direkt ins Freiland gesät werden. Es empfiehlt sich bis Juni noch mehrfach nachzusäen, um immer zarte Blätter ernten zu können. Gelegentlich wird Borretsch von Mehltau befallen, was durch zu dicht stehende Pflanzen begünstigt wird. Daher frühzeitig vereinzeln! Der Boden sollte immer gut feucht gehalten werden.

Da sich die Pflanzen sehr leicht selber aussäen, kann man sich jedes Jahr aufs Neue an ihnen erfreuen. Achten Sie aber darauf, dass sie nicht alles überwuchern, und dünnen Sie rechtzeitig aus. Ziehen Sie im Herbst die Pflanzen nach dem ersten Frost aus dem Boden und geben Sie sie auf den Kompost.

Die weichen Blätter des Borretsch sind mit grünen, borstigen Härchen besetzt. Beim Zerreiben verströmen sie einen Duft nach Gurke. Geerntet werden sollten nur die jungen Blättchen. Etwa von Mai bis August erscheinen immer wieder neue Blütenstände mit den dekorativen blauen Blütensternen.

SMART Tipp

Sehr dekorativ ist es, wenn Sie die Blüten einzeln in Eiswürfel einfrieren und zum Kühlen von sommerlichen Getränken verwenden.

Die blauen Blütensterne des Borretsch sind essbar und besonders dekorativ. Sie passen zu Salaten und Gemüse.

Dill *(Anethum graveolens)*

- Einjährige Pflanze
- Blätter und Samen essbar
- Sonniger Standort
- Lockerer, durchlässiger Boden
- Pflanzabstand 30 – 40 cm
- Höhe bis 1 m

Unverwechselbar in Aussehen und Aroma ist der Dill mit seinen zarten, filigranen Blättchen und den goldgelben, luftigen Blütendolden. Und nicht nur die würzigen Blätter, sondern auch die Samen des Dills können Sie in der Küche verwenden. Wenn Sie Dill selber anbauen möchten, ziehen Sie ihn aus Samen. Kaufen Sie keine Pflanzen, da diese Pfahlwurzeln bilden und beim Verpflanzen nur schlecht wieder anwurzeln.

SMART Tipp

Wenn Sie im Herbst einige Dolden an den Pflanzen belassen, sät sich Dill selber aus und sichert Ihnen die Ernte fürs nächste Jahr.

Dill braucht viel Platz und wird daher am besten in den Garten gepflanzt.

Dill gedeiht am besten in der vollen Sonne. Da er viel Platz benötigt, ist er nur bedingt für die Kultivierung in Töpfen geeignet.
Ab April kann Dill breitwürfig oder in Reihen ausgesät werden. Wenn Sie bis August alle drei bis vier Wochen erneut aussäen, haben Sie bis zum Herbst immer frisches Grün zur Verfügung. Diese Pflanze verträgt absolut keine Staunässe, dagegen gedeiht sie auch auf mageren Böden.

Volles Aroma

Die Blätter werden geerntet, solange sie jung sind, und sofort verarbeitet. Getrocknet verlieren sie ihr Aroma. Wenn Sie Dill konservieren möchten, frieren Sie ihn ein oder legen Sie ihn in Essig ein. Dadurch erhalten Sie gleichzeitig einen aromatischen Gewürzessig, der in der Küche vielseitig einsetzbar ist. Die Samen werden geerntet, sobald sie braun geworden sind.

Estragon *(Artemisia dracunculus)*

- Mehrjährige Pflanze
- Blätter essbar
- Sonniger bis halbschattiger Standort
- Humoser, durchlässiger Boden
- Pflanzabstand 40 – 50 cm
- Höhe bis 60 cm

Estragon ist ein typisches Gewürzkraut der französischen Küche. Er ist nahe mit Beifuß und Wermut verwandt, enthält aber im Gegensatz zu ihnen keine Bitterstoffe und ist daher als Gewürz geeignet.

Wird Estragon im Topf gezogen, muss dieser ausreichend groß sein und eine gute Drainage besitzen.

Es gibt zwei Formen von Estragon: den Russischen und den Französischen Estragon. Der Russische ist weniger aromatisch als der Französische. Seine duftenden, lanzettlichen Blätter sind behaart. Die unscheinbaren gelbgrünen Blüten erscheinen in Rispen von August bis Oktober. Die Pflanzen lassen sich durch Samen vermehren.
Der Französische Estragon ist besonders aromatisch und daher dem Russischen auf alle Fälle vorzuziehen. Achten Sie aber auf einen wärmeren, geschützten Platz zum Gedeihen. Die Blätter sind unbehaart und er bildet keine Blüten und daher auch keine Samen. Er lässt sich nur durch Teilung und durch Stecklinge vermehren.

Pflege

Bei trockenem Wetter müssen Sie die Estragon-Pflanze gut wässern, es darf aber auf keinen Fall Staunässe entstehen. Damit die Erde genug Feuchtigkeit speichern kann, sollten Sie reichlich Kompost einarbeiten.

Die Pflanzen sind bei uns nur bedingt winterhart. Deshalb kann es erforderlich sein, die Wurzeln im Winter in kalten Gegenden mit Stroh oder Reisig abzudecken. Zuvor werden die Pflanzen dicht über dem Boden abgeschnitten.
Soll Estragon im Topf gezogen werden, muss dieser ausreichend groß und mit einer guten Drainage versehen sein. Die Wurzeln vertragen keine Staunässe, brauchen aber gleichmäßige Feuchtigkeit. Für die Kübelkultur ist daher ein Platz im Halbschatten besser, damit der Topf nicht so schnell austrocknet. Zum Überwintern stellen Sie den Topf an einen geschützten Platz und decken ihn mit Reisig ab.

Die bitteren Vettern

Der mit dem Estragon verwandte Beifuß *(Artemisia vulgaris)* wird auch als wilder Wermut bezeichnet. Aus den bitteren Blättern lässt sich ein Tee zubereiten, der die Gallensaftsekretion anregt.
Der Wermut *(Artemisia absinthium)* stellt mehr Ansprüche und benötigt fruchtbaren Boden. Aus ihm wird der als Absinth bezeichnete Kräuterschnaps hergestellt.

Der Russische Estragon ist sehr widerstandsfähig, jedoch weniger aromatisch als der Französische Estragon.

Vichysoisse

Ein typisch französisches Suppenrezept mit Estragon.
Zutaten für 4 bis 6 Personen:

3 Stangen Lauch
1 EL Butter
2 l Gemüsebrühe
4 große, mehlig kochende Kartoffeln
frische Estragonblätter, Menge nach Geschmack
Salz
Pfeffer
Saft einer halben Zitrone
2 Becher Sahne à 200 g
frischer Schnittlauch zum Garnieren

Den Lauch gründlich waschen und in 1,5 cm dicke Scheiben schneiden. In einem Suppentopf 1 EL Butter erwärmen und den Lauch darin anschwitzen. Mit der Gemüsebrühe angießen. Die Kartoffeln schälen und in kleine Würfel schneiden. Hinzugeben und alles zugedeckt etwa 30 Minuten köcheln lassen, bis Lauch und Kartoffeln weich sind. Anschließend mit dem Pürierstab zerkleinern und alles durch ein feines Sieb streichen. Die Estragonblätter fein wiegen.
Die Suppe mit Estragon, Salz, Pfeffer aus der Mühle und dem Zitronensaft abschmecken. Dann die Sahne dazugießen und einmal aufkochen lassen. Die Suppe erkalten lassen. Vor dem Servieren die Suppe kurz mit dem Schneebesen aufschlagen und mit grob gehacktem Schnittlauch bestreuen.

SMART Tipp

Nach drei bis vier Jahren sollten die Pflanzen verjüngt werden. Teilen Sie hierzu den Wurzelstock im Spätherbst oder Frühjahr und setzen Sie die Pflanzen an einem anderen Standort wieder ein.

Duftige Vielfalt

Wie bei vielen anderen Gartenpflanzen werden auch bei den Gartenkräutern immer neue Sorten und Züchtungen geschaffen, die besonders dekorativ aussehen, intensiv schmecken und exotisch duften. Eine besondere Formenvielfalt findet man bei Arten wie Basilikum, Minze, Salbei oder Thymian.

Die attraktiven Blattfarben des Salbei

Neben dem klassischen Garten-Salbei mit seinen graugrünen Blättern und den blauvioletten Blüten gibt es noch einige Sorten, die attraktiv gefärbte Blätter besitzen. Sie sind schöne Zierpflanzen im Garten.

Der Buntblättrige Salbei ist besonders attraktiv durch seine Blattfarben.

Buntblättriger Salbei: frostempfindliche Pflanze mit weiß-grün panaschierten Blättern, teilweise rosaviolett überhaucht, und violetten Blüten.
Purpursalbei: schwachwüchsige, winterharte Pflanze mit stark violett übertönten Blättern und violetten Blüten.
Berggarten: winterharte Pflanze mit rundlichen, silbrig-grauen Blättern und blauvioletten Blüten.
Goldsalbei: frostempfindliche Pflanze mit gelbgrünen Blättern und violetten Blüten.
Goldgrüner Salbei: sehr winterharte Pflanze mit gelbgrün gescheckten Blättern und blauvioletten Blüten.

Die aromatischen Schwestern der Minze

Auch bei den zur Gattung Minze gehörenden Kräutern gibt es eine Vielfalt an Arten und Kreuzungen, die sich sowohl in Wuchsform als auch im Aroma unterscheiden. Das typische Minze-Aroma kommt durch das ätherische Öl Menthol zustande. Wenn die Konzentration weniger hoch ist, kommen dann auch noch andere Düfte oder Aromastoffe zum Tragen.

Ananasminze: Ananas-Aroma; wollige, grüne Blätter mit hellen Flecken.
Apfelminze: schnell wuchernde Pflanze mit mildem Apfel-Minze-Aroma.
Edel-Minze: mildes, leicht parfümiertes Aroma und dunkelgrüne Blätter.
Ingwerminze: langsam wachsende Pflanze mit ingwerähnlichem Aroma und gelb gesprenkelten Blättern.
Pfefferminze: hoher Menthol-Gehalt und typisches Pfefferminz-Aroma; hell- bis dunkelgrüne Blätter.

Die Ingwerminze besitzt gelb gefleckte Blätter. Ihr Aroma erinnert an Ingwer.

Schokominze: Schokoaroma.
Spearmint-Minze: hoher Menthol-Gehalt und typisches Kaugummi-Aroma; dunkelgrüne Blätter.
Türkische Minze: intensives Minze-Aroma und krause, hellgrüne Blätter.

Die große Sortenvielfalt des Basilikum

Das großblättrige Genoveser Basilikum ist eines der wichtigsten Gewürzzutaten der italienischen Küche. Neue Sorten unterscheiden sich durch andere Blattformen und -farben und teils auch durch einen anderen Duft. Alle Sorten können aus Samen gezogen werden.
Ararat: attraktives Aussehen mit rot-grün marmorierten Blättern und rosa-weißen Blütenrispen.
Chianti: kräftige Pflanze mit derben, roten Blättern und einem würzigen Geschmack.
Griechisches Basilikum: kompakte, kleinblättrige Pflanze mit einem kräftigen Aroma.
Palla compatto: stark verzweigte Pflanze mit sehr kleinen Blättern und dem typischen Basilikum-Aroma.
Purple Delight: dekorative Pflanze mit schmalen, rot geaderten Blättern.
Riesenblättriges Basilikum: stark wüchsige Pflanze mit typischem Basilikum-Aroma.
Zimt-Basilikum: große, spitze Blätter mit Zimtaroma und rosa-weißen Blüten.
Zitronen-Basilikum: spitze Blätter mit Zitronenaroma, das zu Salaten und Süßspeisen passt.

Die farbenprächtigen Blüten des Thymian

Neben dem Gartenthymian gibt es noch einige andere Arten und Sorten, die durch ihr dekoratives Aussehen oder einen besonderen Duft auffallen.

Feldthymian oder Quendel: kriechende Pflanze mit hellgrünen Blättern und Blüten in Weiß, Dunkelrosa oder Karminrot.
Goldthymian: aufrecht wachsende Pflanze mit gelbbunten Blättern und hellrosa Blüten.
Kümmelthymian: kriechende Pflanze mit rosa oder rotvioletten Blüten und kleinen Blättchen mit Kümmelduft.
Silberthymian: aufrecht wachsende Pflanze mit silber geränderten grauen Blättern und lavendelfarbenen Blüten.

Der Zitronenthymian blüht weiß oder hellrosa und duftet zitronenähnlich.

Zitronenthymian: aufrecht wachsende Pflanze mit weißen bis hellrosa Blüten und zitronenähnlichem Duft.

Kresse

Unter dem Begriff Kresse fallen einem verschiedene Pflanzen ein: die Brunnenkresse, die Kapuzinerkresse und die Gartenkresse. Ihre Verwendung in der Küche ist ähnlich, aber dennoch handelt es sich hierbei um drei ganz unterschiedliche Arten, die auch verschiedene Ansprüche an ihren Standort stellen.

Gartenkresse *(Lepidium sativum)*

Am bekanntesten ist wohl die Gartenkresse, die in sonnigen bis halbschattigen Lagen, selbst im Schatten auch auf mageren Böden gedeiht. Schon ab Anfang März können Sie Gartenkresse im Reihenabstand von 15 cm aussäen. Als Lichtkeimer werden die Samen nicht mit Erde bedeckt. Für eine laufende Ernte sollten Sie bis Ende September alle zehn Tage nachsäen.

Die Gartenkresse lässt sich auch gut in Schalen ziehen und wächst ausgesprochen schnell.

Im Winter können Sie die Kresse auch auf der Fensterbank ziehen. Hierfür benötigen Sie nur eine Schale oder einen flachen Teller, legen darauf feuchte Watte oder Filterpapier und verteilen darüber die Samen. Nach drei bis fünf Tagen keimen sie schon. Sehr dekorativ sind Kresseigel. Sie bestehen aus einer Tonschale in Igelform, auf der man die Kresse ziehen kann (siehe auch Kinderseite am Ende des Buches).

Gartenkresse hat einen hohen Vitamin C-Gehalt und wird vor allem zum Verfeinern von Salaten und Soßen, zum Garnieren oder zusammen mit Quark als Brotbelag verwendet. Die im Haus in Schalen gezogenen kleinen Kressepflänzchen werden einfach mit einer Schere abgeschnitten und über den Salat oder aufs Brot gestreut.

Die Kulturdauer der Gartenkresse ist extrem kurz. Schon 12 bis 15 Tage nach der Aussaat können Sie ernten. Anhand der Blattform unterscheidet man klein- und großblättrige Sorten sowie solche mit einfachen und krausen Blättern. Gartenkresse sollte nicht mehrere Jahre hintereinander auf demselben Beet gepflanzt werden. Wechseln Sie jedes Jahr den Standort.

Kapuzinerkresse *(Tropaeolum majus)*

Die Kapuzinerkresse bevorzugt sonnige Lagen und nicht nährstoffreiche, trockene Böden. Je magerer der Boden ist, umso mehr Blüten bilden sich. Die Pflanzen müssen im März im Gewächshaus oder auf der Fensterbank vorgezogen werden. Ende Mai werden die Jungpflanzen mit einem Abstand von 30 cm in den Garten gesetzt. Von Ende Mai bis Ende Juni können Sie auch direkt ins Freiland säen. Man unterscheidet Sorten mit kriechendem

Die leuchtend gefärbten Blüten der Kapuzinerkresse sind essbar – wie auch die Samen und Knospen.

Wuchs, die nicht höher als 40 cm werden, und solche mit kletternden Trieben, die eine Länge von 2,5 m erreichen. Wegen der starken Frostempfindlichkeit können die Pflanzen bei uns nur einjährig gezogen werden. Wie die Gartenkresse wird auch diese Art nur frisch verwendet. Die Blätter dienen zum Verfeinern von Salaten und Soßen sowie als Brotbelag. Sie haben ein etwas schärferes Aroma als die Gartenkresse. Die leuchtend orange, rot oder goldgelb gefärbten Blüten sind auch essbar. Sie blühen ab Ende Juni bis zum Frost. Geschlossene Knospen und unreife Samen lassen sich in Kräuteressig einlegen und dienen dann als Kapernersatz. Nicht zuletzt sind die leuchtend gelb bis orange gefärbten Blüten ein Blickfang im Garten.

Brunnenkresse *(Nasturtium officinale)*

Die Brunnenkresse braucht einen nassen und schattigen Standort. Somit ist sie auch geeignet als Bepflanzung für den Mini-Teich am Fuß der Kräuterspirale (siehe Seite 22). Von Ende Mai bis Anfang Juli können Sie die Brunnenkresse in wasserdichte Schalen aussäen. Sind die Pflanzen 5 cm groß, werden sie auf 15 cm Abstand pikiert. Am besten pflanzen Sie sie in einen Kasten, der bis zur Hälfte mit gut verrottetem Kompost gefüllt ist und füllen dann so viel Wasser auf, dass es 1 cm über der Erde steht. Die Haupterntezeit ist von Oktober bis Mai. Im Winter können Sie die Pflanze vor Frost schützen, indem Sie sie in tieferes Wasser wie zum Beispiel am Ufer eines Gartenteiches setzen. Die Brunnenkresse braucht zum Gedeihen unbedingt klares und sauberes Wasser.

SMART

Schon gewusst?

Die Kapuzinerkresse hat antibiotische Wirkung. Sie wirkt blutreinigend und hilft bei Bronchitis, Grippe, Erkältungen und Infektionen der Harnwege. Bei übermäßigem Verzehr kann es aber zu Magen-Darm-Reizungen kommen.

Die Brunnenkresse benötigt einen nassen und schattigen Standort.

Lavendel *(Lavandula angustifolia)*

- **Mehrjährige Pflanze**
- **Blätter und Blüten essbar**
- **Sonniger Standort**
- **Magerer, kalkhaltiger, trockener Boden**
- **Pflanzabstand 50 cm**
- **Höhe bis 60 cm**

Lavendel gehört zu den Stauden und ist eine pflegeleichte und dekorative Pflanze für trockene, sonnige Standorte. Der Duft von Lavendelblüten wirkt auf uns entspannend und schlaffördernd. In der Küche wird Lavendel vorwiegend für bestimmte Lamm- und Fischgerichte verwendet.

Diese typische Pflanze des Mittelmeerraumes wächst gerne auf steinigen, trockenen Standorten. Die Anpassung an sonniges, trockenes Klima erkennt man an den graugrünen bis silbrig erscheinenden, leicht filzigen Blättern.

Sowohl die Farbe der Blätter als auch die feinen Härchen schützen vor starker Sonneinstrahlung und reduzieren die Verdunstung auf ein Minimum.

SMART Tipp

Werfen Sie einige Lavendelzweige in die Glut des Grills – sie verleihen dem Fleisch ein ganz besonderes Aroma.

Lavendelstauden neigen zum Verholzen. Schneiden Sie die Pflanzen daher gleich nach der Blüte im August kräftig zurück, damit sie schön buschig bleiben. Sie sollten die Pflanzen unbedingt im Winter schützen, da nicht alle Sorten gleich winterhart sind. Obwohl es sich um eine Staude handelt, kann es sein, dass Sie alle paar Jahre die Pflanzen erneuern müssen.

Geerntet wird kurz nach dem Aufbrechen der Blüten. Dann zwicken Sie die Triebspitzen und die jungen Blätter ab. Die Blütenernte erfolgt kurz nach dem Aufbrechen der Knospen.

Lavendel wird gerne zwischen Rosen gepflanzt, da er deren Resistenz gegen Mehltau erhöht.

Der blühende Lavendel bringt mediterranes Flair in den Garten. Sein Duft wirkt entspannend und beruhigend.

Majoran *(Origanum majorana)*

- Einjährige Pflanze
- Blätter essbar
- Sonniger Standort
- Trockener, durchlässiger Boden
- Pflanzabstand 30 – 40 cm
- Höhe bis 60 cm

Majoran kann leicht mit Oregano, der auch Wilder Majoran genannt wird, verwechselt werden.

Der Echte Majoran gehört zur selben Pflanzengattung wie der Oregano und wird auch häufig mit ihm verwechselt. Man kann ihn am besten während der Blüte vom Oregano unterscheiden, da die winzigen weißen oder rosa Blüten in kleinen, rundlichen Büscheln erscheinen. Majoran ist eigentlich eine mehrjährige Pflanze, da er aber sehr frostempfindlich ist, wird er bei uns nur einjährig gezogen. Majoran kann ab März auf der Fensterbank oder im Gewächshaus vorgezogen werden. Die Jungpflanzen werden auf drei bis vier Stück pro Topf pikiert, also vereinzelt, und dann auch als Büschel zusammen ausgepflanzt. Freilandaussaaten sind erst ab Mitte Mai möglich.

Ernten Sie Majoran, kurz bevor sich die Blüten vollständig öffnen, weil danach die Blätter einen bitteren Geschmack entwickeln können. Schneiden Sie die Triebe nicht tiefer als etwa 5 cm über dem Boden ab, damit die Pflanze erneut austreiben kann. Bei vorgezogenen Pflanzen ist eine zweite Ernte im September möglich. Majoran ist zum Trocknen sehr gut geeignet und in der Küche äußerst vielseitig einsetzbar. Er passt zu fast allen Arten von Fleisch und auch zu Kartoffelgerichten, Suppen und Eintöpfen. Er büßt sein Aroma beim Erhitzen nicht ein. Als Tee hilft er bei Magen- und Darmbeschwerden, bei hohem Blutdruck und Einschlafstörungen, bei Kopfschmerzen und Erkäl-

SMART Tipp

Inhalieren von Majoran-Dämpfen hilft bei Bronchitis und verstopfter Nase.

Minze *(Mentha spec.)*

- Mehrjährige Pflanze
- Blätter essbar
- Sonniger bis halbschattiger Standort
- Humoser, feuchter, durchlässiger Boden
- Pflanzabstand 30 cm
- Höhe bis 80 cm

Unter dem Begriff Minze lässt sich eine Reihe von duftenden Stauden mit hübschen rosa oder violetten Blüten zusammenfassen. Die meisten enthalten das ätherische Öl Menthol, das besonders gegen Erkältungskrankheiten eingesetzt wird und äußerlich angewandt eine erfrischende und belebende Wirkung hat. Alle Minze-Arten wuchern durch unterirdische Wurzelausläufer stark und können in kurzer Zeit ein ganzes Beet und benachbarte, weniger starkwüchsige Pflanzen überwachsen. Daher empfiehlt es sich, Minze in Töpfen oder Kübeln anzupflanzen oder ihrem Wachstum durch andere Barrieren Einhalt zu gebieten. Schneiden Sie Minze vor dem Frost zurück und decken Sie die Pflanze mit Laub oder Reisig ab. Wenn Sie auch im Winter ernten möchten, graben Sie eine Staude aus, setzen Sie sie in einen Topf und stellen ihn im Haus an einen hellen, nicht zu warmen Ort. Wenn Sie keinen Garten haben, können Sie Minze auch in einem Topf ziehen, der aber mindestens 25 cm Durchmesser haben sollte. Stellen Sie den Topf auf einen Untersetzer, der sich beim Gießen jedes Mal füllen sollte. Im Winter halten Sie die Erde jedoch ziemlich trocken.

Erfrischend und belebend

Die stark duftenden Blätter lassen sich gut trocknen. Das Aroma der Blätter ist am stärksten ausgeprägt, kurz bevor sich die Blüten öffnen. Wenn Sie die Triebe alle vor der Blüte ernten, treiben die Pflanzen neu aus, so dass Sie noch ein zweites Mal in dem Jahr ernten können. Zum Zubereiten von Tee oder

Die Pfefferminze ist in der Küche vielseitig einsetzbar und außerdem ein bewährtes Heilmittel.

warmen, pikanten Speisen verwenden Sie am besten getrocknete Blätter. Brauchen Sie Minze für die Zubereitung von Süßspeisen oder Getränken, sollten Sie frische Blättchen verwenden. Die getrockneten Blätter werden locker in einem verschließbaren Gefäß aufbewahrt.

Minz-Soße

- 60 g frische Pfefferminzblätter
- 200 ml Apfelessig
- 40 g Zucker
- Salz, Pfeffer
- 100 ml Wasser

Die Pfefferminzblätter waschen und sehr fein zerkleinern. Den Essig aufkochen und anschließend die Pfefferminze einrühren. Den Essig abkühlen lassen, bis er nur noch warm ist. Das Wasser und Zucker zugeben und mit Salz und Pfeffer abschmecken. Gut verrühren. Die Soße passt ideal zu Lammgerichten und wird kalt serviert.

Grüner Tee mit frischer Minze ist ein typisches nordafrikanisches Getränk, das auch bei uns immer beliebter wird.

SMART

Schon gewusst?

Die ätherischen Öle der Minze helfen dabei, Schädlinge wie Erdflöhe oder Blattläuse abzuhalten. Setzen Sie daher einige Töpfe mit Minzepflanzen zwischen die Gemüsereihen oder legen Sie abgeschnittene Minzestängel als Mulch um die Gemüsepflanzen.

Grüner Tee mit Minze

Probieren Sie doch mal Grünen Tee mit Minzeblättchen, ein typisches marokkanisches Getränk. Auf einen Liter müssen Sie etwa eine Handvoll rechnen. Lassen Sie den Tee aber nicht länger als 5 Minuten ziehen, sonst verändert sich der typische Geschmack.

Gesund mit Minze

Minze ist ein sehr vielseitig einsetzbares Heilmittel, ob als Tee oder als Öl. Pfefferminztee hilft bei Magenbeschwerden und gegen Übelkeit. Dampfbäder mit Menthol werden bei Erkältungskrankheiten eingesetzt und wirken antiseptisch und desinfizierend.

Oregano *(Origanum vulgare)*

- Mehrjährige Pflanze
- Blätter essbar
- Sonniger Standort
- Magerer, trockener Boden
- Pflanzabstand 15 – 20 cm
- Höhe bis 60 cm

Der Oregano gilt als das wichtigste Kraut der mediterranen Küche. Man unterscheidet verschiedene Arten und Sorten, von denen einige leicht verholzende Halbsträucher, andere Stauden sind. Allen Oregano-Sorten gemeinsam sind die aromatischen Blätter.

Der heimische Oregano wird auch Dost oder Wilder Majoran genannt und wächst bei uns wild an Wegrändern und auf mageren, steinigen Böden. Die dunkelrosa Blüten erscheinen in dichten Trugdolden von Juli bis September. In dieser Zeit ist das Aroma am stärksten. Oregano eignet sich hervorragend zum Trocknen. Auch die Blütenstände können getrocknet und für dekorative Trockengestecke oder -sträuße verwendet werden. Allerdings ist das Aroma des einheimischen Oreganos als Gewürzkraut nicht so intensiv wie von den verschiedenen Arten und Sorten, die im Fachhandel zur Kultivierung im Garten oder in Töpfen angeboten werden. Sie besitzen eher das typische Aroma, wie wir es von der mediterranen Küche her kennen.
Suchen Sie im Fachhandel nach kräftigen Jungpflanzen der verschiedenen Arten, um sie in Ihr Kräuterbeet zu setzen oder auf Terrasse oder Balkon zu kultivieren. Am besten pflanzt man im Frühjahr, sobald die Gefahr von Nachtfrost vorüber ist. Oregano lässt sich sehr gut im Gemüsebeet kultivieren. Er ist ein idealer Partner für Möhren und alle Kohlarten.

Der Griechische Oregano besitzt das typische Aroma und ist ideal für die Küche geeignet.

Pflege

Alle Oregano-Arten sind winterhart, brauchen einen sonnigen Standort und kommen mit sparsamem Gießen aus. Daher sind die teilweise sehr dekorativen Pflanzen auch für Steingärten geeignet. Werden die Pflanzen in

Der bei uns heimische Dost oder Wilde Majoran wächst an Wegrändern und auf mageren Böden.

Töpfen gezogen, müssen diese im Winter vor Frost geschützt werden.
Die meisten Arten eignen sich als Bodendecker oder für Einfassungen von Wegen oder Terrassen. Damit aber Nachbarpflanzen oder Wege nicht zu sehr von ihm überwuchert werden, sollten Sie Oregano spätestens am Ende der Saison stark zurückschneiden.

Große Auswahl an Sorten

Das klassische Aroma besitzt der Griechische Oregano, der graugrüne Blätter und weiße Blüten hat und ideal zum Kochen ist.
Die niedrig wachsende Sorte 'Compactum' besitzt auch aromatische Blätter mit starkem Duft und bildet rosa Blütenpolster. Sie kann wegen ihres niedrigen Wuchses im Garten auch als Bodendecker verwendet werden und lässt Unkraut keine Chance.
Die Sorte 'Aureum' hat ein mildes Aroma, dafür aber sehr dekorative goldfarbene Blätter und rosa Blüten. Sie gibt es auch in einer Version mit niedrigem Wuchs und krausen Blättern.
Die Sorte 'Herrenhausen' hat einen hohen, aufrechten Wuchs und bildet hübsche rotviolette Blüten und dunkelgrüne Blätter. Sie ist für Schmetterlinge besonders attraktiv. Der Kleinblättrige Oregano ist ein immergrüner Halbstrauch mit sehr aromatischen Blättern und weißen Blüten.

Stetige Ernte für Pizza & Co.

Blätter und Triebe des Oregano können vom Sommer bis zum Herbst laufend geerntet werden. Möchten Sie das Kraut trocknen, schneiden Sie es ab, wenn die Blüten erscheinen. Oregano darf auf keiner Pizza fehlen und passt zu Tomatengerichten, Kartoffeln, Hülsenfrüchten, Fleisch und Fisch. Er ist Bestandteil des im Handel erhältlichen Chili-Pulvers und gehört natürlich in eine echte Spagetti-Bolognese-Soße.

SMART

Schon gewusst?

Oregano wirkt gegen Appetitlosigkeit, Magen- und Darmbeschwerden und sogar bei Lebensmittelvergiftungen. Früher wurde er zusammen mit Olivenöl als Mittel gegen Zahnschmerzen eingesetzt.

Petersilie *(Petrolesinum crispum)*

- **Zweijährige Pflanze**
- **Blätter essbar**
- **Sonniger bis halbschattiger Standort**
- **Lockerer, nährstoffreicher Boden**
- **Pflanzabstand 20 cm**
- **Höhe bis 60 cm**

Petersilie ist vermutlich das am häufigsten in deutschen Küchen verwendete Kraut. Man unterscheidet zwei Typen von Petersilie: die Krause und die Glatte Petersilie. Die Krause Petersilie besitzt dunkelgrüne, rüschenartige oder stark gekrauste Blätter und wird wegen ihres Aussehens gerne zum Garnieren von verschiedensten Speisen und Platten verwendet. Die Glatte Petersilie hat glatte, glänzende, dunkelgrüne, tief eingeschnittene Blätter und ein intensiveres Aroma als die Krause Petersilie. Daher ist sie als Gewürz in der Küche ihrer krausen Verwandten überlegen. Ihre Blätter lassen sich sowohl frisch als auch gefroren oder getrocknet verwenden.

Die Krause Petersilie ist ideal zum Garnieren geeignet und lässt sich gut im Topf ziehen.

Aus der Wurzel der Glatten Petersilie können Sie außerdem Suppen zubereiten. In ganz feine Streifen geschnitten und frittiert (im Fachjargon häufig als „Stroh“ bezeichnet) ist sie eine raffinierte und zugleich äußerst dekorative Beilage oder Garnitur.

Anbau und Ernte

Petersilie benötigt einen nährstoffreichen Boden und gedeiht auch im Halbschatten. Sobald der Boden frostfrei ist, können Sie direkt ins Freiland aussäen. Die letzte Aussaat ist Mitte Juni möglich. Säen Sie am besten in Reihen mit einem Abstand von 20 cm und halten Sie den Boden während der Keimung gut feucht.
Wenn Sie Petersilie auf dem Balkon oder dem Fensterbrett ziehen möchten, kaufen Sie gesunde, kräftige Pflanzen mit dunkelgrünen Blättern. Die Wurzeln sollten nicht aus dem Topf unten herauswachsen.
In milden Regionen überstehen die Pflanzen den Winter draußen, wenn sie abgedeckt werden. Ansonsten

schneiden Sie im Herbst die Triebe auf 3 bis 4 cm Höhe ab, graben die Pflanze aus und setzen sie für die Winterernte in einen Topf, den Sie hell und warm stellen. Petersilie sollten Sie möglichst frisch geerntet sofort in der Küche verwenden. Pflücken Sie immer nur so viel, wie Sie gerade benötigen. Petersilie sollte nicht mitgekocht werden, sondern wird immer nur am Ende der Kochzeit über das Gericht gestreut oder eingerührt, da sonst die Blätter ihre Würze verlieren.

Die glatte Petersilie hat ein intensiveres Aroma als ihre krause Verwandte.

Kräuterbällchen sind eine frische Vorspeise oder eine leckere Mahlzeit für zwischendurch.

Kräuterbällchen

400 g Frischkäse
2 Bund frische Kräuter nach Geschmack (z. B. Petersilie, Schnittlauch, Dill)
Salz
weißer Pfeffer

Die Kräuter waschen, trockenschütteln und fein zerkleinern.
Den Frischkäse in einer Schüssel mit einer Gabel leicht zerdrücken. Die Kräuter unter den Frischkäse mischen. Mit Pfeffer und Salz abschmecken. Die Masse mit einem Löffel abstechen und in der Hand zu kleinen Kugeln formen. Die fertigen Bällchen können Sie noch in frischen Kräutern wälzen – das sieht sehr dekorativ aus. Auf einer Platte anordnen und mit frischem Weißbrot servieren.

Natürliches Schönheitsmittel

Innerlich angewandt wirkt Petersilie hautklärend und fördert einen zarten Teint. Sie können aber auch Dampfbäder oder Kompressen mit getrockneter Petersilie äußerlich anwenden. Das hilft bei fettiger und unreiner Haut. Augenkompressen lindern brennende Augen. Außerdem soll Petersilienwasser ein Mittel gegen Sommersprossen sein.

SMART

Schon gewusst?

Frische Petersilienblätter enthalten sehr viel Vitamin C. Außerdem soll dieses Kraut blutreinigend wirken.

Mit Kräutern dekorieren

Ob im Topf, als Trockenstrauß oder frisch geerntet für die Tischdekoration – mit Kräutern können Sie nicht nur Speisen verfeinern, sondern auch Ihr Heim verschönern oder ganz persönliche Geschenke anfertigen.

Kräutertöpfe

Eine der hübschesten Möglichkeiten, Kräuter auf dem Balkon oder der Terrasse zu ziehen, sind Kräutertöpfe, auch als Erdbeertöpfe bekannt. Für einen kleinen Balkon oder eine kleine Terrasse sind sie bestens geeignet!
Die rundherum angeordneten Taschen werden mit Erde gefüllt. Hierein pflanzt man nun verschiedene Kräuter, die allerdings ähnliche Wachstumsbedingungen benötigen. Bevorzugt eignen sich Pflanzen, die nicht so viel Wasser brauchen, da das Substrat in den Pflanzöffnungen nicht viel Feuchtigkeit speichern kann. Sehr hübsch sind auch Keramiktöpfe, auf

Ein Kräutertopf mit verschiedenen Arten bepflanzt ist ein dekorativer Blickfang auf Balkon oder Terrasse.

denen ein Bild und/oder der Name des jeweiligen Krautes aufgebracht sind. Einfache Töpfe aus Metall sind mal was anderes und wirken etwas nostalgisch. Wenn Sie zu wenig Platz auf der Fensterbank haben, können Sie auch Kräuter in eine Blumenampel pflanzen und vor ein sonniges Fenster hängen.

Kräuterkränze oder Pomander

Mit frischen oder getrockneten Kräutern können Sie Kräuterkränze oder Duftkugeln, so genannte Pomander, selber basteln. Als Grundform benötigen Sie einen Kranz aus Stroh oder Styropor, für den Pomander eine Kugel aus Styropor oder Steckschwamm. Nun werden die Kräuter eng in

SMART Tipp

Ein Kranz aus Gewürzkräutern in der Küche aufgehängt, sieht nicht nur dekorativ aus, sondern sorgt auch dafür, dass Sie immer das passende Kraut griffbereit haben.

Aus frischen Lavendel- und Mimosenblüten lassen sich Herzen binden.

die Grundform eingesteckt. Mit einem hübschen Band können Sie die Kugel oder den Kranz an eine Tür, vor ein Fenster oder eine andere passende Stelle im Haus hängen.
Mit etwas Draht können Sie leicht hübsche Kräuterherzchen selbst binden. Dazu einfach die Grundform des Herzens aus einem dicken Draht formen. Die Kräuter, Blumen und Blätter werden dann mit einem dünnen Draht nacheinander dicht an dicht auf der Grundform angebracht. Ein schönes Geschenk für eine Hochzeit! Am besten sind Rosmarin, Oregano, Lavendel, Thymian oder Salbei geeignet. Dazwischen können Sie auch Rosenblüten, Samenkapseln von verschiedenen Pflanzen, kleine Chilischoten, Mimosenblüten, Hagebutten und vieles mehr stecken.

Ideen zur Tischdekoration

Frische Kräuterzweige als Tischdekoration werden am besten passend zum Menü ausgewählt. So passen Rosmarinzweige zu einem italienischen Essen besonders gut. Arrangieren Sie einfach frische Zweige zwischen den Tellern auf dem Tischtuch oder in kleinen Vasen. Füllen Sie das Tafelwasser in einen großen Glaskrug

Eine festliche Tafel erhält mit Kräuterdekorationen eine besondere Note.

und stellen Sie einen Zweig Zitronenmelisse hinein. Behalten Sie immer frische, ganze Zweige von den beim Kochen verwendeten Kräutern zurück, um damit die fertigen Speisen zu garnieren.

Rosmarin *(Rosmarinus officinalis)*

- Mehrjährige, immergrüne Pflanze
- Blätter essbar
- Sonniger Standort
- Durchlässiger, kalkhaltiger Boden
- Pflanzabstand 60 cm
- Höhe bis 150 cm

Rosmarin gehört zu den verholzenden Stauden und sieht von weitem betrachtet mit seinen immergrünen Blättern fast wie ein Nadelgehölz aus. Zerreibt man die Blätter zwischen den Fingern, verströmen sie einen intensiven Duft nach Harz, Kampfer und Kiefer. Von März bis Juni, bei manchen Sorten auch erst im Spätsommer oder Herbst, erscheinen die zarten, weißen oder rosa Blüten.
Rosmarin auszusäen lohnt sich nicht. Kaufen Sie kräftige, kompakte Pflanzen in Töpfen mit mindestens 7,5 cm Durchmesser. Wenn Sie Rosmarin selber vermehren möchten, nehmen Sie im August Stecklinge ab. Da nicht alle Sorten gleich winterhart sind, erkundigen Sie sich nach geeigneten Züchtungen, die auch bei uns problemlos im Garten überwintert werden können. Decken Sie die Pflanzen im Winter mit Reisig oder Stroh ab.
Rosmarin braucht einen sonnigen, geschützten Standort. In dekorative Kübel gepflanzt eignet er sich auch als Blickfang neben der Haustür oder auf der Terrasse. Kübelpflanzen sollten Sie hell und frostfrei überwintern und nur wenig gießen, damit der Wurzelballen nicht austrocknet.
Schneiden Sie abgestorbene, lange Triebe im Frühjahr heraus. Alte Pflanzen können verjüngt werden, indem man sämtliche Triebe im Frühjahr um die Hälfte zurückschneidet.

Intensiver Aromaspender

Zum Ernten zwicken Sie neue Triebspitzen von bis zu 5 cm Länge ab. Dadurch

Diese Rosmarin-Sorte hat sehr auffallende Blüten. Sowohl Blätter als auch Blüten des Rosmarin sind essbar.

wird die Pflanze auch gleichzeitig buschiger. Rosmarin kann sowohl frisch als auch getrocknet in der Küche verwertet werden. Blüten und Blätter sind essbar. Durch Trocknen verlieren sie kaum etwas von ihrem intensiven Aroma. Rosmarin passt zu Fleisch und Wild, Suppen, Soßen und Eintöpfen sowie Kartoffel- und Pilzgerichten und vielem mehr.

Rosmarin-Kartoffeln

500 g kleine Kartoffeln
1 Rosmarinzweig
4 El Olivenöl
20 g Butter
Salz, Pfeffer

Die Kartoffeln schälen und längs halbieren. Rosmarinnadeln abstreifen und etwas hacken. Olivenöl in einer Pfanne erhitzen und die Kartoffeln darin bei mittlerer Hitze in etwa 15 Minuten goldbraun braten. Dann Butter und Rosmarin zugeben und alles noch einmal 2 bis 3 Minuten mitbraten. Mit Salz und Pfeffer würzen und anrichten. Sollten Sie nur größere Kartoffeln zur Verfügung haben, diese besser vierteln

Rosmarin verleiht gebratenen Kartoffeln ein ganz besonderes mediterranes Aroma.

oder achteln, damit sie in der angegebenen Zeit gar werden.

Rosmarin belebt Körper und Geist

Aromatherapeuten haben herausgefunden, dass Rosmarin-Duft die Konzentration verbessert und Müdigkeit bekämpft. Das kampferartige Aroma sorgt für eine leichtere und tiefere Atmung, wodurch die Sauerstoffversorgung im Körper erhöht wird. Träufeln Sie einfach etwas Rosmarinöl auf ein Baumwollläppchen und atmen Sie die Dämpfe etwa 20 Sekunden lang tief ein. Sie werden sofort die belebende Wirkung spüren. Rosmarin ist sehr vielseitig verwendbar. Eine Massage-Lotion, die Rosmarinöl enthält, fördert die Durchblutung. Nach dem Sport lindert das Waschen oder Baden mit Rosmarinzusätzen Muskelschmerzen und -verspannungen und belebt den Geist. Ein Vollbad mit Rosmarinblättern wirkt belebend und anregend.
Für ein wirksames Mittel bei Menstruationsbeschwerden, Nervosität und Appetitlosigkeit setzen Sie zwei Handvoll Rosmarinblätter mit einem Liter süßen Weißwein an. Nach einer Woche abfiltern und in eine Flasche füllen. Ein Likörgläschen davon am besten nach dem Essen einnehmen.

SMART

Schon gewusst?

Achtung: Das Aroma von Rosmarin ist sehr intensiv. Benutzen Sie es daher in der Küche eher sparsam.

Salbei *(Salvia officinalis)*

- Mehrjährige, immergrüne Pflanze
- Blätter essbar
- Sonniger Standort
- Durchlässiger, fruchtbarer Boden
- Pflanzabstand 40 – 60 cm
- Höhe bis 60 cm

Der Name „Salvia“ stammt von dem Lateinischen Wort „salvere“ für „gesund sein“. Und tatsächlich wurde Salbei schon seit der Antike als Heilpflanze geschätzt, lange bevor es als Küchenkraut genutzt wurde. Heute ist es auch ein wichtiges Gewürz der mediterranen Küche. Typisch für den Gartensalbei sind die graugrünen, filzigen Blätter und die langen, blauvioletten Blütenähren, die im Juni/Juli erscheinen. Es gibt aber noch eine Reihe von Sorten, die durch ihr buntes Laub sehr dekorativ sind (siehe Seite 38).
Salbei kann zwar ausgesät werden, es empfiehlt sich aber kräftige Pflanzen zu kaufen und sie später durch Stecklinge zu vermehren. Die Blüten eignen sich zum Trocknen und können für Trockengestecke verwendet werden. Wenn Sie die Blüten abschneiden, fördern Sie eine zweite Blüte und einen buschigen Wuchs. Schneiden Sie die Pflanzen im Frühjahr zurück. Ältere Pflanzen, die stark verholzt und kahl werden, graben Sie am besten aus und werfen Sie auf den Kompost. Im Herbst werden die Triebe bis zur Hälfte abgeschnitten und die Pflanze wird mit Reisig oder Mulch vor Frost geschützt.

Salbei gedeiht am besten an sonnigen Standorten. Die Blüten lassen sich gut trocknen und für Gestecke verwenden.

Würziger Begleiter von Fisch und Fleisch

Salbei lässt sich gut trocknen. Allerdings müssen die recht derben Blätter sehr sorgfältig und langsam an einem schattigen, luftigen Ort getrocknet werden, da sie schnell schimmeln. Sie können ihn aber auch einfrieren oder in Öl einlegen. Ernten Sie Salbei an sonnigen Tagen und am späten Nachmittag, dann ist sein Gehalt an ätherischen Ölen am höchsten.
Salbei passt gut zu Fischgerichten sowie zu Lamm,

Schwein, Kaninchen, Wild, Geflügel und Innereien. Auch zur Zubereitung von Brotaufstrichen mit Quark oder von Kräuterbutter ist er geeignet. Wegen des intensiven Aromas sollten Sie ihn sparsam verwenden. Ein Blatt soll zum Würzen eines ganzen Schweinebratens ausreichen. Probieren Sie auch einmal frittierte Salbeiblätter. Salbei ist häufig in Rezepten zum Einlegen von Fleisch aufgeführt. Auch eignet er sich als Gewürzkraut für eingelegte Gurken. Er verleiht Tomatensalat eine ganz eigene Note und passt sogar auf Pizza oder zu Nudelgerichten.

SMART

Schon gewusst?

- **In der Antike sollte ein Auszug aus Salbei ein gutes Gedächtnis erhalten und die Lebenserwartung erhöhen. So wurde diese Pflanze auch schon als das „Kraut der Unsterblichen" bezeichnet.**
- **Gurgeln mit Salbeiblättertee lindert Halsweh. Wenn man ihn trinkt, hilft er bei Magen-Darm-Störungen und bei Menstruationsbeschwerden.**

Zum Ernten werden die Salbeitriebe am besten mit einer Schere abgeschnitten.

Salbeibutter

100 g Butter
etwa 10 bis 12 Salbeiblätter

Die Butter in einer Pfanne schmelzen. Die Salbeiblätter in feine Streifen schneiden. In der Butter bei mittlerer Hitze braten, bis die Butter leicht braun geworden ist. Passt gut zu Gnocchi und allen Arten von Ravioli. Einfach die Teigwaren vor dem Servieren in der Salbeibutter schwenken.

Neben dem Gartensalbei sind für den Hobbygärtner noch drei andere Salbei-Arten interessant:

- **Der Ananassalbei** *(Salvia elegans)* besitzt hellgrüne Blätter mit nach Ananas duftendem Aroma und hellrote Blüten. Die bis zu 90 cm groß werdenden Pflanzen sind frostempfindlich und müssen entsprechend überwintert werden.
- **Der Lavendelblättrige Salbei** *(Salvia lavandulifolia)* ist ein niedriger Halbstrauch mit schmalen, blaugrünen Blättern und blauvioletten Blüten.
- **Der Muskatellersalbei** *(Salvia sclarea)* ist zweijährig und bildet im ersten Jahr nach der Aussaat nur eine Blattrosette. Im zweiten Jahr erscheinen die bis zu 1 m hohen Triebe mit langen Blütenrispen in Weiß, Rosa oder Violett. Die Blätter duften beim Zerreiben nach Muskateller. Beste Zeit für die Aussaat ist der Juli.

Schnittlauch *(Allium schoenoprasum)*

- **Mehrjährige Pflanze**
- **Stiele essbar**
- **Sonniger oder halbschattiger Standort**
- **Nährstoffreiche, leicht feuchte Erde**
- **Pflanzabstand 20 – 30 cm**
- **Höhe bis 40 cm**

Schnittlauch gehört zu den Lauchgewächsen und ist somit eng verwandt mit Zwiebel, Schalotte, Knoblauch und Porree. Das erkennt man an den runden, hohlen Stielen, den kugelförmigen, hellvioletten Blütenständen und natürlich am Aroma, wenn man die Triebe in Röllchen geschnitten über Salate und warme Speisen streut oder einfach auf einem Butterbrot genießt.
Sie können Schnittlauch ab Februar auf der Fensterbank oder im Frühbeet aus Samen vorziehen. Ab April/Mai ist eine Aussaat direkt ins Freiland möglich. Wenn Sie nicht so lange auf eine Ernte warten wollen, kaufen Sie kräftige Pflanzen in Töpfen, die Sie auf den Balkon oder die Fensterbank stellen oder direkt in den Garten setzen. Schnittlauch verträgt sowohl Sonne als auch Halbschatten, braucht aber immer ausreichend feuchte Erde. Eine Düngung mit Kompost oder Mist erfolgt am besten im Herbst. Kräftige Pflanzen können Sie im Frühjahr durch Teilen des Wurzelstockes vermehren. Da der Schnittlauch zu den Zwiebelgewächsen gehört, sterben die oberirdischen Pflanzenteile im Herbst ab, um dann im Frühjahr neue Triebe zu bilden. Möchten Sie eine üppige Ernte, sollten Sie die Blütenköpfe entfernen.

Die kugeligen violetten Blütenstände des Schnittlauchs sehen äußerst dekorativ aus.

Frischer Vitamin C-Spender

Verwenden Sie Schnittlauch in der Küche immer frisch - zum Trocknen ist er nämlich nicht geeignet. Falls Sie etwas Vorrat anlegen möch-

Die Grüne Soße ist eine berühmte Frankfurter Spezialität, die aus mindestens sieben verschiedenen frischen Kräutern besteht.

ten, können Sie Schnittlauch gut einfrieren. Hierfür sollten Sie die Halme in kleine Röllchen schneiden und diese portionsweise in kleinen Bechern oder Eiswürfelschalen einfrieren. Schnittlauch enthält viel Vitamin C und eine Reihe wichtiger Mineralstoffe. Er wird nicht mitgekocht, sondern immer erst über das fertige Gericht gestreut. Schnittlauch schmeckt lecker in Verbindung mit Quark oder Frischkäse als Brotbelag und passt sehr gut zu Rührei sowie zu allen Salatsoßen, Gemüse- und Kartoffelgerichten, Suppen und auch Fleisch und Fisch.

Grüne Soße

In die berühmte Frankfurter Grüne Soße („Grie Soß"), gehören mindestens sieben verschiedene Kräuter: Borretsch, Kerbel, Petersilie, Pimpinelle, Sauerampfer, Schnittlauch und Zitronenmelisse. Es gibt auch Rezepte, bei denen noch Estragon, Dill, Kresse, Liebstöckel oder Salbei ergänzt werden.

Grundrezept Grüne Soße:

300 g Kräuter
2 Zwiebeln
4 Eier, hart gekocht
1 EL Essig
2 EL Öl
1/4 l saure Sahne
150 g Jogurt
1 Prise Zucker
Salz, Pfeffer

Die Kräuter verlesen, gründlich waschen und abtropfen lassen. Die Zwiebeln schälen und zusammen mit den Kräutern sehr fein hacken. Mit Essig, Öl, saurer Sahne und Jogurt verrühren und mit Salz und Pfeffer würzen. Mindestens 1 Stunde durchziehen lassen. Dann die hart gekochten Eier pellen, grob hacken und unterrühren. Nochmals mit Salz, Pfeffer und eventuell Zucker abschmecken. Wird traditionell zu Pellkartoffeln gegessen, passt aber auch zu Fleisch oder Fisch.

SMART Tipp

Ernten Sie von einer Pflanze höchstens die Hälfte der Halme auf einmal und warten Sie mit der nächsten Ernte, bis diese wieder nachgewachsen sind. Haben Sie viel Bedarf an Schnittlauch, sollten Sie sich mehrere Töpfe zulegen. Werden die Halme im Laufe der Zeit immer dünner, setzen Sie die Pflanze – wenn möglich – in den Garten.

Thymian *(Thymus vulgaris)*

- Mehrjährige, immergrüne Pflanze
- Blüten und Blätter essbar
- Sonniger Standort
- Lockerer, durchlässiger Boden
- Pflanzabstand 20 – 30 cm
- Höhe bis 20 cm

Thymian ist nicht nur ein unentbehrliches Küchenkraut, sondern auch eine attraktive Gartenpflanze. Es gibt ihn als aufrecht wachsenden Halbstrauch und als Bodendecker. Über hundert verschiedene Thymianarten und -sorten sind bekannt. Einige davon sind auf Seite 39 beschrieben.

Thymian lässt sich zwar auch aus Samen ziehen, besser kauft man aber kräftige Jungpflanzen und setzt sie direkt in den Garten oder kultiviert sie auf Terrasse oder Balkon. Thymian verträgt absolut keine Staunässe, da er sehr anfällig für Wurzelfäule ist. Daher sollte er nur auf lockeren, durchlässigen Boden gepflanzt werden.

Beim Kauf von Thymianpflanzen achten Sie auf kräftige, buschige, reich verzweigte Pflanzen.

Schneiden Sie im Frühjahr und Sommer die Triebe zurück, um eine zu starke Verholzung zu verhindern und das Wachstum frischer, junger Triebe zu fördern.

Zu stark verholzte Pflanzen sollten durch neue ersetzt werden. Außerdem erfrieren die verholzten Triebe älterer Pflanzen schneller bei strengem Winterwetter. Daher lassen sich auch regelmäßig zurückgeschnittene Pflanzen besser überwintern. In rauen Lagen sollten Sie die Pflanzen im Winter mit Laub oder Kompost, in nasskalten Gegenden eher mit Reisig abdecken.

Schneiden Sie im Frühjahr alle erfrorenen Triebe ab. Auch wenn die Pflanze tot aussieht, warten Sie lieber eine Zeit, da sie durchaus noch austreiben kann.

In Töpfen gezogene Thymian-Pflanzen sollten im Win-

Thymian braucht viel Sonne und verträgt absolut keine Staunässe. Im Frühjahr werden die Triebe zurückgeschnitten.

ter ins Haus geholt werden. Im Spätsommer können Sie auch Stecklinge schneiden. Wählen Sie dazu gesunde Triebe mit vier bis sechs Blättchen aus.

Vielseitiger Aromaspender

Die Blätter und Blüten des Thymian werden am besten in den frühen Morgenstunden geerntet.
Sollen die Blätter getrocknet werden, werden sie möglichst kurz vor der Blüte abgeschnitten. Die Blüten haben ein ähnliches, aber milderes Aroma als die Blätter. Sie eignen sich zum Dekorieren von Speisen.
Thymian kann beim Zubereiten von Speisen ruhig mitgekocht oder mitgebraten werden. Sein Aroma leidet nicht darunter. Wegen der intensiven Würzkraft wird er nur in geringen Mengen dosiert. Thymian ist äußerst vielseitig einsetzbar und passt zu Salaten, Hülsenfrüchten, Gemüse und kräftigen Fleischgerichten. Auch gibt er vielen Soßen erst den richtigen Pfiff.

SMART Tipp

Wenn die Blätter braun werden, kann ein Pilzbefall die Ursache sein. Schneiden Sie dann einige Triebe aus der Pflanze heraus, damit mehr Luft und Sonnenlicht an das Pflanzeninnere gelangen können. Außerdem sollte nur sparsam gegossen werden.

In diesem Topf sind verschiedene Thymian-Sorten sehr dekorativ zusammengepflanzt.

Thymian und Alexander der Große

Auf seinen Expeditionen badete Alexander der Große in einem Auszug aus Thymian, um seine Läuse loszuwerden. Bei den römischen Soldaten sollte ein Thymianbad die Kraft und Energie verbessern. Im antiken Griechenland tranken die armen Leute einen Auszug aus Thymian, Honig und Essig. Auch ältere Menschen tranken sehr viel Thymiantee, um ihren Geist zu stärken. Selbst heute schätzt man die nervenstärkende Wirkung eines Thymian-Bades. Der Tee wirkt stark desinfizierend und hilft bei verschiedenen Beschwerden der Verdauungsorgane.

Zitronenmelisse *(Melissa officinalis)*

- Mehrjährige Pflanze
- Blätter essbar
- Sonniger Standort
- Humoser, durchlässiger Boden
- Pflanzabstand 40 cm
- Höhe bis 1 m

Die Heilkraft der Zitronenmelisse wird schon seit dem Mittelalter geschätzt. Zu dieser Zeit war sie regelmäßig in Klostergärten zu finden. Seit 1611 wird der bekannte Melissengeist aus dieser Pflanze hergestellt. Die Heilwirkung ist vor allem auf die ätherischen Öle sowie die Gerb- und Bitterstoffe zurückzuführen.
Zitronenmelisse kann ab März im Haus vorgezogen werden. Dabei reichen zwei bis drei Samenkörner pro Topf aus. Ab April können die Jungpflanzen dann in den Garten gesetzt werden. Wenn Sie Pflanzen kaufen, achten Sie auf buschigen, kompakten Wuchs und kräftige grüne Blätter.
Im Garten reichen meist ein bis zwei Pflanzen aus, um den Haushalt mit Zitronenmelisse zu versorgen. Da die Pflanze wuchert und sich auch selber aussät, werden Sie später immer Zitronenmelisse in Ihrem Garten haben. Wählen Sie einen sonnigen bis halbschattigen Standort, wo das starke Wuchern der Pflanze nicht stört. Bieten Sie ihr gegebenenfalls Einhalt durch Steinplatten oder andere Begrenzungen. Mulchen Sie regelmäßig mit Kompost.
Im Herbst wird die Pflanze dicht über dem Boden abgeschnitten. In sehr kalten Gegenden empfiehlt sich im Winter ein Abdecken mit Stroh. Sollte die Pflanze zu groß geworden sein, stechen Sie im Frühjahr einfach überschüssige Teile ab. Im Juli/August erscheinen die weißen Blüten. Kurz vor dem Aufblühen ist der Gehalt an ätherischen Ölen in den Blättern am größten.

Attraktive Kübelpflanze

Auch in großen Kübeln lässt sich Zitronenmelisse ziehen. Spätestens wenn die Pflanze vier Jahre alt ist, sollte sie

Zitronenmelisse wuchert stark und sät sich auch selber aus. Daher sollte man ihrem Wuchs durch Begrenzungen Einhalt gebieten.

aber aus dem Topf genommen, geteilt und in frische Erde gesetzt werden.
Zum Überwintern haben Sie verschiedene Möglichkeiten. In einem kühlen, hellen Raum behalten die Pflanzen ihre Blätter und können noch beerntet werden. Alternativ können Sie die Pflanze im Herbst radikal zurückschneiden und kühl und dunkel überwintern. Im Frühjahr an einen hellen Ort gestellt treibt sie dann wieder schnell aus. Mit entsprechendem Winterschutz kann man Kübelpflanzen sogar im Freien überwintern.

Duftig und dekorativ

Frische Blätter von Zitronenmelisse passen gut in Salate, aber auch zu Fisch- oder Wildgerichten. Einzelne Blätter oder ganze Triebe eignen sich hervorragend als hübsche Garnitur für Süßspeisen, Obstsalate, Bowlen, Liköre oder Mixgetränke. Sie können auch einzelne Blättchen in Eiswürfel einfrieren, um gekühlten Getränken ein feines Zitronenaroma zu verleihen.
Getrocknete Blätter sind für die Verwendung in der Küche nicht geeignet. Aus ihnen lässt sich aber gut Tee zubereiten. Als Küchengewürz sollte Zitronenmelisse lieber eingefroren werden. Bei der Zubereitung von warmen Speisen wird Zitronenmelisse nicht mitgekocht.
Tee aus Zitronenmelisse wirkt beruhigend und krampflösend und eignet sich auch als Badezusatz. Auch aus frischer Zitronenmelisse lässt sich Tee zubereiten. Geben Sie dann noch einige Lavendelblüten oder einen Thymianzweig für ein intensiveres Aroma hinzu. Bei warmen Gerichten wird Melisse nie mitgekocht, sondern erst sparsam kurz vor dem Servieren zugesetzt. Außerdem sollte man Melisse nur wenig schneiden oder zerhacken, damit nicht zu viel von ihrem Duft und Aroma verloren geht. Am besten zupft man nur die Blättchen ab und verwendet sie im Ganzen. Zitronenmelisse wird häufig als Zitronenersatz verwendet, wenn es nur um ein dezentes Zitronenaroma geht. In der Schweiz gibt es sogar einige Käsesorten, die mit Zitronenmelisse gewürzt werden.

SMART

Schon gewusst?

- **Ihren Namen hat die Zitronenmelisse erhalten, weil sie bei Berührung aromatisch nach Zitronen duftet. Sie wird sowohl als Küchenkraut wie auch zur Zubereitung von Tee verwendet.**
- **Der Name „Melissa" bedeutet im Griechischen „Biene" und deutet darauf hin, dass die Blüten der Pflanzen eine wichtige Bienenweide sind. Daher lassen Sie im Garten immer einige Triebe mit Blüten stehen.**

Mit Zitronenmelisse oder auch mit Minze lassen sich erfrischende Getränke schön garnieren.

Infoecke

Adressen

Die gängigsten Küchenkräuter gibt es als Pflanzen in Supermärkten zu kaufen. In Gartencentern sind Kräuter in größerer Auswahl erhältlich.

Kräuterpflanzen können Sie bestellen bei:

- **Kräuterei** *(bioland)*
  Silvia Heinrich
  Alexanderstr.29
  26121 Oldenburg
  www.kraeuterei.de
  kraeuterei@t-online.de

- **herb's** *(bioland)*
  Gärtnerei & Pflanzenversand
  Stedinger Weg 16
  27801 Dötlingen
  www.herb-s.de
  bestellung@herb-s.de

- **Gärtnerei Naturwuchs**
  Bardenhorst 15
  33739 Bielefeld
  www.naturwuchs.de
  info@naturwuchs.de

- **Hof Berg-Garten GbR**
  (bioland)
  Großherrischwand
  Lindenweg 17
  79737 Herrischried
  www.hof-berggarten.de
  hof-berggarten@t-online.de

- **Gärtnerei Gaissmayer**
  Jungviehweide 3
  89257 Illertissen
  www.staudengaissmayer.de
  info@gaissmayer.de

Literatur

- Dittus-Bär, Renate: **Großmutters Kräuterapotheke – Schönes und Nützliches aus Pflanzen.** Verlag Eugen Ulmer, Stuttgart 2003
- Lehari, Gabriele: **Vorratshaltung – frisch halten, einfrieren, konservieren.** Verlag Eugen Ulmer, Stuttgart 2003
- Volk, Renate und Fridhelm: **Kochen mit Kräutern.** Verlag Eugen Ulmer, Stuttgart 2002
- Wiegele, Miriam: **Der Kräutergarten auf Balkon und Terrasse.** Verlag Eugen Ulmer, Stuttgart 2000

Zur Autorin

Dr. Gabriele Lehari ist promovierte Biologin und Autorin vieler Bücher zu den Themen Tiere, Garten und Kochen.

Saatgut können Sie bestellen bei:

- **Dreschflegel**
In der Aue 31
37213 Witzenhausen
www.dreschflegel-saatgut.de
dreschflegel@biologische-saaten.de

- **Thekla's Kräuterfibel**
Rassenhöveler Str. 13
59510 Lippetal-Herzfeld
www.kraeuterfibel.com
info@kraeuterfibel.com

- **Bio-Saatgut**
Ulla Grall
Eulengasse 3
55288 Armsheim
www.bio-saatgut.de
ulla.grall@bio-saatgut.de

- **Bingenheimer Saatgut AG** *(Demeter)*
Kronstr. 24
61209 Echzell-Bingenheim
www.oekoseeds.de
info@oekoseeds.de

- **Biogarten Keller** *(Demeter)*
Konradstr. 17
79100 Freiburg
www.biokeller.de
info@biokeller.de

- **Grüner Tiger**
Pfarräckerstr. 13
90522 Oberasbach
www.gruenertiger.de
info@gruenertiger.de

Impressum

Bibliografische Information der Deutschen Bibliothek
Die Deutsche Bibliothek verzeichnet diese Publikation in der Deutschen Nationalbibliografie; detaillierte bibliografische Daten sind im Internet über http://dnb.ddb.de abrufbar.

Wollgrasweg 41
70599 Stuttgart
(Hohenheim)
E-Mail: info@ulmer.de
Internet: www.ulmer.de
Lektorat: Anke Ruf
Covergestaltung und Layout: X-Design, München
Titelfoto: Fridhelm Volk, Stuttgart
Druck und Bindung: Litotipografia-editrice Alcione, Trento
Printed in Italy

ISBN 3-8001-4917-6

Bildquellen

Adna/Monadori Press/Picture Press: S.33 • Roland Bauer: S.25 • Gisela Caspersen, Hamburg: Umschlagrückseite rechts, S.11, 21 • Eulenburg/SchönerWohnen/Picture Press: S.45 (63/1) • Florapress: S.15 • Frechverlag, 1998 – TOPP 2419 – Ostereier für alle von Gisela Heim: S.U3 links • Hans Laux: S.22, 32, 34, 37, 40, 42, 44, 46, 48, 56 (62/2), 57, 58 (63/4) • Radloff/Picture Press: S.27 (62/3) • Wolfgang Redeleit, Bienenbüttel: Umschlagrückseite links, S.13, 18, 20, 28, 29, 50, 55 • Hans Reinhard: S.9, 23, 24 links, 24 Mitte, 35 (63/2), 38, 39 links, 39 rechts, 41 links, 43, 47, 49 oben, 52, 54, 60 • Rogers/Picture Press: S.30/31 (1 rechts) • Uwe Schiereck/Picture Press: S.51 rechts • Shaz/Camera Press/Picture Press: S.14 (63/3) • Richard Stradtmann/Essen & Trinken/Picture Press: S.53 • Friedrich Strauß, Au/Hallertau: S.2/3 (U2 links), 4, 4/5, 6/7 (U2 rechts, 62/1), 12 (62/4), 16/17 (1 links), 19, 26, 36, 51 oben, 59, 64, U3 Mitte, U3 rechts • Fridhelm Volk, Stuttgart: S.41 rechts, 49 unten links, 61

Haftung

Die Autorin und der Verlag haben sich um richtige und zuverlässige Angaben bemüht. Fehler können jedoch nicht vollständig ausgeschlossen werden. Eine Garantie für die Richtigkeit der Angaben kann daher nicht gegeben werden. Haftung für Schäden und Unfälle wird aus keinem Rechtsgrund übernommen.

SPEZIAL

Kluge Tipps für SMARTe KIDS

Die Kräuterseite

Hier findet ihr Ideen für Kleinigkeiten für euch selbst oder zum Verschenken. Ihr werdet staunen: Das alles kann man aus Kräutern machen?

Besonders in der kalten Jahreszeit, wenn draußen keine frischen Kräuter wachsen, könnt ihr zu Hause in eurem Zimmer einen kleinen Kressegarten anlegen. Einfach Watte in ein Tongefäß, z.B. einen Igel, legen, wässern und die Kressesamen hineinstreuen. Danach müsst ihr nur darauf achten, dass die Samen immer gut feucht sind. Nach wenigen Tagen an einem warmen, hellen Ort keimen die Samen und schon bald könnt ihr frische Kresse ernten. Sie schmeckt gut auf einem Quarkbrot.